次代を創る「資質・能力」を育む学校づくり 3

新教育課程とこれからの研究・研修

吉冨芳正 編集

ぎょうせい

シリーズ刊行にあたって

　平成29年3月、新しい学習指導要領が告示され、小学校は平成32年度から、中学校は平成33年度から全面実施される。新学習指導要領では、よりよい学校教育を通じてよりよい社会を創るという目標を共有し、社会と連携・協働しながら、子供たちが未来の創り手となるために必要な資質・能力を育む、「社会に開かれた教育課程」の理念が掲げられ、教育課程を基軸に据えて学校教育全体の改善が意図されている。

　各学校では、それぞれの実態を踏まえ、育成すべき資質・能力を明確にして教育課程を適切に編成し、子供たちの主体的・対話的で深い学びを保障するとともに、カリキュラム・マネジメントを確立し、教育の質の向上を図っていくことが必要となる。教育委員会は、そうした各学校の取組みに対して的確な指導・支援を行っていくことが求められる。

　本シリーズは、こうした状況を踏まえ、「次代を創る資質・能力を育む学校づくり」をテーマとし、それに不可欠な「『社会に開かれた教育課程』と新しい学校づくり」「『深く学ぶ』子供を育てる学級づくり・授業づくり」「新教育課程とこれからの研究・研修」の三つの切り口から、取組みを進めるうえでの諸課題を分析し、効果的に工夫改善を進めるための視点や方策について分かりやすく解説することを目的とするものである。

　識見と専門性に富み気鋭の執筆陣による本シリーズは、学校づくりの中核として活躍される校長をはじめ主幹、主任層や教育委員会の指導主事などのみなさまの手掛かりとなり、未来を創る子供たちの資質・能力の育成に役立つものと確信している。

平成29年7月

　　　　　　　　　　　　　　　　　　　　　　　　明星大学教授
　　　　　　　　　　　　　　　　　　　　　　　　吉冨　芳正

巻頭提言
これからの学校づくりへの期待

　平成28年12月21日の中央教育審議会の答申をふまえ、平成29年3月31日に、文部科学大臣が新しい幼稚園教育要領と小学校、中学校の学習指導要領を告示した。

　現在のような大臣告示の形式となった学習指導要領は、昭和33年に始まり、以来ほぼ10年ごとに改訂が行われてきた。いずれも教育課程実施の経験、子供たちを取り巻く時代や社会の変化をふまえ、子供たちに身に付けさせたい資質・能力は何かを考えながら行われてきたものである。それは、各学校をはじめ教育関係者に学校教育の改善充実のための自己改革（刷新）運動をうながしているものとしてもとらえることができる。

　今回の改訂においても、子供たちに変化の激しいこれからの時代、社会を生きるために必要となる力を育成することを目指し、各学校が社会との関わりを重視し、「社会に開かれた教育課程」を編成・実施することを期待している。

　各学校では、こうした新学習指導要領の趣旨や関連する行政施策の動向を理解しつつ、これからの学校づくりに取り組んでいく必要がある。その際、次のような諸点に留意することが大切であると考える。

1. 学校教育の基本と教育課程についての理解を共有する

　今回の学習指導要領では、初めて「前文」が置かれている。ここでは、教育は、教育基本法に定める教育の目的と目標の達成を目指して行われなければならず、このために必要な教育の在り方を具体化するのが、各学校において組織的かつ計画的に組み立てた教育課程であることを明記している。

　その上で、「第1章　総則」を全面的に再構成している。新しい総則では、教育課程の編成、実施や留意事項に加え、児童生徒の発達の支援や学校運営上の留意事項、道徳教育に関する配慮事項などが詳述されて

いる。特に、主体的・対話的で深い学び（アクティブ・ラーニング）の実現に向けた授業改善を行うことや言語能力、情報活用能力、問題発見・解決等の資質・能力が育成されるよう、担当教科、学年のみならず、教科横断的な視点や学校段階間の接続に配慮しながら教育課程を編成することの重要性などが示されている。

　各学校においては、教育内容に加え、教育方法、学習評価等を含む教育課程に基づき組織的、計画的に教育活動の質の向上を図るカリキュラム・マネジメントについての理解を全校で共有することが求められる。

2.　深く学ぶ子供を育てる学級づくり、授業づくり

　学校の教育目標は日々の授業の積み重ねの上に実現される。日々の授業は、学級経営の充実に支えられよりよく成立する。

　学習や生活の基盤として、教師と児童生徒との信頼関係及び児童生徒間のよりよい人間関係を育てる学級経営の充実に意を用いることが必要である。こうした基礎の上に立って授業改善は進められる。特に、児童生徒理解を深め学習指導と合わせて生徒指導、キャリア教育、道徳教育の充実を図ることが必要である。

3.　豊かな教育実践のための研究・研修の充実

　各学校における教育活動の更なる充実を図るためには教育実践研究、研修が不可欠である。

　特に校内研修や授業研究は日本の学校の良き伝統として海外からも高い評価を受けている。

　各学校は、その特色を生かし、創意工夫を重ねた授業研究や校内研修の機会を確保し、全ての教職員が各学校の教育目標の実現に切磋琢磨するよう努める必要がある。

平成29年7月

東京国立博物館長
銭谷　眞美

新教育課程とこれからの研究・研修

目 次

シリーズ刊行にあたって（吉冨芳正）
巻頭提言　これからの学校づくりへの期待（銭谷眞美）

第1章　新学習指導要領で変わる校内研究・研修
....[村川雅弘]

 1　新学習指導要領の実現に向けた校内研究・研修の改善　2
 2　育成を目指す資質・能力の明確化と共有化　3
 3　主体的・対話的で深い学びによる授業改善　3
 4　質的な授業改善のための授業研究の工夫・改善　5
 5　カリキュラム・マネジメントの実現　6
 6　人材を生かす管理職や研究主任の役割　9
 7　教育委員会や教育センターの役割　10

第2章　カリキュラム・マネジメントの研究・研修と実践課題
....[吉冨芳正]

 1　学校におけるカリキュラム・マネジメント研究・研修　14
 2　カリキュラム・マネジメントの意義と考え方　15
 3　カリキュラム・マネジメントを確立する校内研究・研修のポイント　19

第3章 資質・能力の育成を実現する単元構成の追究
....[奈須正裕]

1　単元とは何か　26
2　学習する子供の視点に立つ　28
3　学びの文脈を本物にする　31
4　「科学する」学び　33
5　子供の研究と教科等の研究　35

第4章 「主体的・対話的で深い学び」を実現する授業研究
....[藤川大祐]

1　「主体的・対話的で深い学び」とは何か　38
2　「主体的・対話的で深い学び」を実現するには　42
3　「主体的・対話的で深い学び」を扱う授業研究　44

第5章 新教育課程の軸となる言語能力の育成と言語活動の充実
....[田中孝一]

1　次期教育課程──政策動向との連動──　50
2　言語能力の育成　51
3　言語活動の意義、教科間の相互関連　54
4　これからの言語活動の実践課題
　　──アクティブ・ラーニングの視点──　56
5　言語活動充実等今までの成果を生かして次期教育課程へ　58

第6章 「考え、議論する道徳」指導と評価の工夫の追究
....[林　泰成]

1　道徳教育・道徳科のねらい　62
2　「考え、議論する」道徳科の授業方法　64
3　道徳教育の全体計画と道徳科の指導計画　68
4　道徳科の評価の工夫　69
5　授業研究・教材研究・評価研究の進め方　70

第7章　9年間を見通した外国語活動・外国語科
――カリキュラムと学習活動の工夫の追究――
....[菅　正隆]

1　外国語活動・外国語科で育む資質・能力について　75
2　外国語活動・外国語科の時間確保とカリキュラムについて　79
3　学習内容の改訂に伴う授業づくりの方策について　81
4　これからの外国語活動・外国語科における校内研修の在り方について　82
5　指導者の資質能力向上や指導体制の充実のための学校・教育委員会の役割について　83

第8章 「資質・能力」の育成を見取る評価方法の追究
....[西岡加名恵]

1　評価をカリキュラム・マネジメントに活かす　86
2　「何が身に付いたか」をとらえる評価方法　87
3　「観点別学習状況の評価」と評価方法　90

4　評価の妥当性を高める
　　　　　──パフォーマンス課題の作成と活用──　91
　　　5　評価の信頼性を高める──ルーブリックづくり──　93

第9章　アクティブな校内研修への転換
　　　　　　　　　　　　　　　　　　　　　　　　　　　　　[野口　徹]
　　　1　新学習指導要領で求められる教職員の研修体制　98
　　　2　アクティブ・ラーナーとしての教師集団による研修の
　　　　取り組み方　103

第10章　メッセージ：新教育課程に挑む教師たちに向けて
　　　子供たちの「もっと伸びたい」に応えるために　[新谷喜之]　110
　　　新教育課程のヒントは教職員支援機構にあり！　[古川聖登]　117

第11章　事　例
【社会に開かれた教育課程】
●「玉中総合教育会議」を生かした「社会に開かれた教育課程」の実践
　　　　　　　　　　　　[熊本県玉名市立玉名中学校]　126
【資質・能力】
●資質・能力ベースのカリキュラム開発
　　　　　　　　　　　　[新潟県上越市立大手町小学校]　136
●「教え」から「学び」へのカリキュラム・マネジメント
　　──社会人基礎力の育成を目指す探究的な授業モデルの開発──
　　　　　　　　　　　　[高知県本山町立嶺北中学校]　144

- 北条プランによる資質・能力「創時力」を目指した授業づくり
  　　　　　　　　　　　　　　　[千葉県館山市立北条小学校]　161

【主体的・対話的で深い学び】
- 21世紀グローバル社会に必要な、豊かに学び合う力の育成
  ——教科等を貫く自主的学習力を育成し、活用するカリキュラムの開発——
  　　　　　　　　　　　　　　　[横浜市立白幡小学校]　171
- 協調学習の取組み
  　　　　　　　　　　　　　　　[福岡県飯塚市立片島小学校]　182
- 「主体的・対話的で深い学び」の実践
  ——主体的に判断し、意思決定させるための資質を育むことを目指して——
  　　　　　　　　　　　　　　　[岐阜県岐阜市立陽南中学校]　192

【教育内容】
- 小学校におけるプログラミング教育
  　　　　　　　　　　　　　　　[仙台市立大野田小学校]　203
- カリキュラム・マネジメントの確立による道徳教育の充実
  ——主体性を育てる問題解決的な道徳科授業——
  　　　　　　　　　　　　　　　[東京都北区立飛鳥中学校]　216
- 厚真町のコミュニケーションを軸とした小中連携の推進
  　　　　　　　　　　　　　　　[北海道厚真町教育委員会]　228

第1章
新学習指導要領で変わる校内研究・研修

甲南女子大学教授
村川雅弘

新学習指導要領の実現に向けた校内研究・研修の改善

　様々な困難が予想される先行き不透明な時代を生き抜くとともに、一人一人が社会を創造する担い手として寄与しつつも自己実現を図っていくためにどのような資質・能力をどう育んでいくのか、それを学習指導要領にどう示すのかを追究し続けた改訂作業の末に、新学習指導要領が平成29年3月31日に告示された。授業及び学校の質的な変革が求められている。当然のことながらその実現のために教員に求められる力量を育成するとともに、学校が抱える諸課題に対応していくための校内研究・研修も工夫・改善されていく必要がある。新学習指導要領の趣旨を十分に理解し、学校及び授業を通してどう具体的に実現していくのか、学校及びそれを後押しする教育センターにおける研修の充実が不可欠である。
　中央教育審議会初等中等教育分科会教員養成部会の「これからの学校教育を担う教員の資質能力の向上について」の中間まとめ（平成27年7月）では「これからの時代の教員に求められる資質能力」（p.5）に関して「使命感や責任感、教育的愛情、教科や教職に関する専門的知識、実践的指導力、総合的人間力等」を不易なものとしたうえで、「変化の激しい社会を生き抜いていける人材を育成していくためには、教員自身が時代や社会、環境の変化を的確につかみ取り、その時々の状況に応じた適切な学びを提供していくことが求められる」とし、「常に探究心や学び続ける意識を持つこととともに、情報を適切に収集し、選択し、活用する能力や深く知識を構造化する力」を求めている。これらの資質能力を育成するうえで「講義形式の研修からより主体的・協働的な学びの要素を含んだ、いわばAL研修（アクティブ・ラーニング型研修）とも

いうべき研修への転換を図っていくことが重要」と指摘している。

本稿では、新学習指導要領の実現のための校内研修の考え方・在り方について述べていきたい。

育成を目指す資質・能力の明確化と共有化

新学習指導要領の各教科等の目標に共通に「育成を目指す資質・能力」が示された。これは幼児教育から高等教育まで貫かれた学力観である。子供や地域の実情を踏まえて我が園や我が校でどのような資質・能力を、教育課程全体を通して育んでいくのかを考える研修[1]が必要であることは当然のことながら、縦のつながりを意識した教育目標の設定が求められる。例えば、小学校ならば幼児期の終わりまでに育ってほしい10の姿（現行では12の姿）を踏まえ、入学してくる児童の育ちをどう生かし伸ばしていくかを考えたい。身に付いていない資質・能力に目が行きがちであるが、育っている資質・能力にも目を向けることが重要である。中学校や高等学校においても同様である。

大分県佐伯市では小中高の12年間の資質・能力を明確にし、総合的な学習を中心にして地域レベルのカリキュラム・マネジメントを展開しようとしているが、今後はこのような学校園種を越えた研修が必要となってくる。

主体的・対話的で深い学びによる授業改善

資質・能力を育むための授業改善の視点は「主体的・対話的で深い学び（アクティブ・ラーニング）」である。「このような学習には特別な教

材や方法が必要」という声を耳にすることがあるが、筆者は日常的な取組みが可能ととらえている。

　高知県や広島県、鳥取県などの小・中学校との各教科や総合的な学習、道徳の授業づくりや参観、協議を通して、アクティブ・ラーニングの成立条件を次の7つに整理してきた[2]。①自信がなくても明確でなくても考えを聴いてくれる、受け入れてくれる、わかろうとしてくれる「受容的な関係づくり」、②「生活や社会、将来とつながっていて面白そうだ」「何とかして解決したい」といった関心や意欲を引き出したり、多様な考えや対立する意見が期待される「問いや教材の工夫」、③異なる考えを受け入れたり、比べたりつなげたり、まとめたりする「子供主体の言語活動」、④主体的かつ協働的な「思考を促す適切な手法（思考ツールや付箋、ミニホワイトボード、モバイル機器など）」の活用、⑤授業導入の前時の復習やめあての確認から最後のまとめや振り返りに至る様々な学習活動における「個人思考と集団思考のバランスと関連」、⑥表現力の差や表現方法の得手・不得手を踏まえた「個に応じた表現方法（文字や言葉、イラストなど）の多様性の保障」、⑦間違うことを恐れる子供たちの「正答主義・正解主義の呪縛からの解放」、である。②を除いては日常的に実施可能である。さらに「深い学び」へとつなげていくためには、②や③、④などにおいて深い教材研究や学習方法の工夫、ICTの有効活用等が求められる。

　校内において、上記の7つの各成立条件に関して優れた実績をもつ教師は少なくない。そういった教師を講師に見立てて授業づくりのノウハウを伝授してもらうとともに、主体的・対話的で深い学びが目指す授業づくりを確立していけばよい。「先ず隗より始めよ」である。

　全国の学校を廻っていて、「アクティブな研修を行っている学校はアクティブ・ラーニングが定着している」が実感である。ワークショップ型研修は、教職員一人一人が経験年数や専門性を越えて、知識や技能を

持ち寄り生かし合いつなげ合い、形にしていく研修である。学校が抱える様々な課題の明確化やその解決に向けて、まさしく主体的・対話的に問題解決を図りつつ、互いに力量を高め合っている。

質的な授業改善のための授業研究の工夫・改善

　筆者はかねてより、校内研修の要の研修は授業研究であると述べてきた。楽しい授業・わかる授業を設計し実施することが教師の仕事であり、そのために互いに知恵を絞って教材研究を行ったり、指導案を検討したり、授業を分析・評価・改善したりすることが最も重要な研修である。事後研（いわゆる授業研究や授業検討会）においてもワークショップを推奨してきた。ワークショップ型授業研究には、その過程に様々な学びの場が組み込まれているからである[3]。

① まず、授業参観の際には主体的・分析的な観察を引き出す。従来型の事後検討会と異なり、授業の各場面や様々な構成要素（板書や発問、教材、個別指導、学習形態、学習環境等々）に関してのきめ細かな協議が予定されているため必然的に主体的・分析的に授業参観に臨むこととなる。

② 協議前に参観メモを基に付箋に記述する。メモの内容を他者に理解できるように記述し直す必要がある。その時に概念整理が起こる。

③ 記述した付箋を出し合う。同じ場面や授業要素であるにもかかわらず見方やとらえ方が異なる。自分なりの意見や解釈を具体的に記述しているからこそ、同僚のそれと比べることで深い学びがおきる。

> ④ 付箋を整理し小見出しを付け、グループ間の関係（因果関係や対立関係など）を矢印等で明らかにする。例えば、学習が停滞したとしたら、その直前の指導等に問題がある。授業は様々な要因・要素が複雑に絡み合っている。授業を関係的・構造的にとらえる力が身に付く。
> ⑤ 他のチームに説明する際に改めて自分の言葉で授業を関連付ける。
> ⑥ 他チームの分析結果と比べることで新たな視点を学ぶ。

　授業研究だけではないが、研究授業や事後検討会、指導主事や研修講師の講話等で学んだこと、新たな課題などを書き記しておきたい。言葉にすることで学びが自覚化でき、研修への満足度も向上する。

　ワークショップ型では若手が大きく伸びる。自分なりの「考えのタネ」をもって研修に臨み、先輩教員や異なる教科の教師、研修講師の考えと比べたりつなげたりすることを通して、授業の見方・作り方を深く学んでいく。授業研究以外の様々な課題に関する研修においても同様である。

⑤ カリキュラム・マネジメントの実現

　カリキュラム・マネジメントとは、各学校が子供や地域の実態を踏まえて教育目標やその具体としての資質・能力を明確にしたうえで、その実現のための授業づくりをどう進めるのかといった基本方針を策定し、各教科等及び各学級において、日々の授業を通して計画・実施・評価・改善を図っていくことある。

　カリキュラム・マネジメントの実現において校内研修の活性化は必然である。筆者は、カリキュラム・マネジメントに関する研修の際には、

研修全体の時間や受講生の属性によりバランスは異なるが、ワークショップ型を取り入れた校内研修の工夫・改善の話題を必ず扱う。カリキュラム・マネジメントを構成しているのは、次の10の要素である[4]。総体としては新規な言葉であるが、要素の一つ一つは馴染みのあるものであり、各学校で取り組まれていることである。

① 児童生徒や地域の実態把握及び教職員や保護者等の思いや願いの把握
② ①を踏まえての学校教育目標の設定と共通理解
③ ②を達成するための教育活動の内容や方法についての基本的な理念や方針の設定
④ ③を実現するための各教育活動の目標や内容、方法の具体化
⑤ ④に基づいた日々の教育活動と経営活動
⑥ ④に関わる形成的及び総括的な評価・改善
⑦ ⑤を支える指導体制及び運営体制、学習環境及び研修環境、経費や時間など
⑧ 教職員の力量向上や職能開発、意識改革など
⑨ 家庭・地域との連携及び外部機関（教育委員会や他の学校など）との連携
⑩ 全体に関わる管理職のリーダーシップとカリキュラムリーダーシップ

個別または複数の要素に関わる研修を進めながら、学校のカリキュラム・マネジメント全体を考える研修へと移行していきたい。

①②に関しては、全国学力・学習状況調査や県版学力調査、新体力テスト、学校評価、児童生徒や教職員、保護者に対するアンケート、QUなど多面的なデータを持ち寄り、一方で新学習指導要領が示した育成を

目指す資質・能力を念頭において、学校教育目標や資質・能力の具体化・共有化を図りたい。子供の実態把握のワークショップのための分析シートとして「概念化シート」（縦軸を「よさ」と「課題」、横軸を「生活面」と「学習面」）を薦めることが多い[5]。

③④⑤に関しては、学校の教育課程全体計画やグランドデザインを拡大したシートを準備し、「よさや成果（ブルー）」「問題点や疑問（イエロー）」「改善策やアイデア（ピンク）」の３つの視点から分析することを薦めている[6]。校長や教頭、教務主任等が中心になって作成した計画であっても、全教職員で検討しその計画に基づく授業や分掌の具現化を考えていくことで、共有化が図られる。

⑥はまさしく授業研究に関する研修で、前述の通りである。

⑦に関しては、③④⑤とセットで行うことを薦めるが、学習環境に関する研修としては、校区のフィールドワークや教室環境ウォッチング、特別教室の整備もワークショップ型で実施すれば有効である[7]。

⑧に関しては、ワークショップ型の研修を取り入れることで協働性や同僚性が高まる。

⑨に関しては、研修を教員だけで行うという発想を捨てることが先決である。研修課題によっては、保護者や地域人材、専門家などと行うワークショップが有効である。例えば、家庭学習の定着に関しては保護者や児童生徒と、地域素材の発掘と活用に関しては地域人材と、健康や安全に関しては校医や見守り隊、消防団の方々と、などが考えられる。③④⑤の研修を学校評議会で行った学校もある[8]。「社会に開かれた教育課程」の実現に向けて有効な方法である。

なお、①②⑥の研修は、カリキュラム・マネジメントの二つ目の側面「教育内容の質の向上に向けて、子供たちの姿や地域の現状等に関する調査や各種データ等に基づき、教育課程を編成し、実施し、評価して改善を図る一連のPDCAサイクルを確立すること」に関わり、⑦⑨の研修

第1章
新学習指導要領で変わる校内研究・研修

は、カリキュラム・マネジメントの三つ目の側面「教育内容と、教育活動に必要な人的・物的資源等を、地域等の外部の資源も含めて活用しながら効果的に組み合わせること」に関わるものである。

人材を生かす管理職や研究主任の役割

　カリキュラム・マネジメントの要素⑩に関しては、管理職のリーダーシップは重要であるが、独りよがりのトップダウンでは教職員はついてこない。副校長・教頭及び教務主任や研究主任等と連携し、常に全教職員で共通理解を図りながら学校づくりを進めていくことが求められる。そのために、ワークショップ型の校内研修は有効である。

　管理職や研究主任は、教職員一人一人の専門性や得意技及び教育センター等で受講した研修内容を把握していることが重要である。「学級経営に秀でている」「教室環境のレイアウトがうまく機能的である」「校区のことを知り尽くしている」「ICTへの興味関心が高く使いこなしている」「最近、センターでカリキュラム・マネジメントの研修を受けてきた」「思考ツールに関するセミナーに参加してきた」等々、各教職員が身に付けている知識や技能は学校全体に還元していきたいものである。校内の各教職員の人材活用は学校力向上にもつながる。

　また、保護者や地域の人材にも目を向け、アンケートや人的ネットワークにより情報を収集しておきたい。「社会に開かれた教育課程」の実現のためには、生活科や総合的な学習の時間あるいは学校行事以外でも地域人材の発掘と活用は重要である。

　中学校や高等学校においては教科を越えた研究組織づくりが求められる。カリキュラム・マネジメントの一つ目の側面「各教科等の教育内容を相互の関係でとらえ、学校教育目標を踏まえた教科等横断的な視点

で、その目標の達成に必要な教育の内容を組織的に配列していくこと」を日常的に実現していくためには、指導内容に関して互いに理解し合っていることが求められる。教科書や資料を持ち寄り、総合的な学習と各教科等との関連を具体的に考えるワークショップ[9]はそのきっかけづくりになる。また、学校規模や教科によっては同一教科で複数の教師が存在しない場合が増えてきているので、異教科による研究組織は必然である。「主体的・対話的で深い学び」を追究する授業づくりでは、教科内容の吟味を中心とした教材研究とともに、教科を越えた学び方の研究が主流となってくる。

7 教育委員会や教育センターの役割

　近年、中学校区単位で研修に取り組む地域が増えてきている。前述のように、大分県佐伯市では小中高の教師が一堂に会して研修を行った。三重県のある高等学校区で小中高合同のワークショップを行ったこともある。共通の資質・能力を掲げた新学習指導要領の下ではこの傾向がますます強くなってくるものと考えられる。

　以前各地の教育センターの指導主事に対して行ったメール調査（自由記述）では、「現場に役立つ研修の計画・実施」「受講生の研修意欲や力量の差への対応」「前年度踏襲による内容・方法のマンネリ化」「現場のニーズや教育課題の多様化への対応」「若年教員の指導力の育成」などの課題が提示された。最も重要視されたのが「センター研修での学びを受講生個人の学びに終わらせないこと」である。受講生に「来てよかった」「役立った」と満足してもらうことは大切だが、学んだことを子供に返すこと、同僚に返すこと、学校改革や授業改善に生かすことにこそ意義がある。

集合研修と校内研修をいかに結び付けるかは各教育センター等の共通かつ最大の課題である。そのための方策が重要となる。

　一つは、複数の職階に対する研修の実施である。センター等の集合研修の学びを校内に還元するためには、複数の職階に対して同様の研修を行うことが必要である。高知県や堺市では研修主任研修に管理職が同席した。福山市では研修主任と生徒指導主任が同じ研修を受けた。一つは、管理職が各教職員の研修成果をつなげて生かすためには、管理職対象の会合や研修の中で、センターで実施される各研修講座において受講生がどのような内容の研修を受けるのか、各校の学校改革や授業改善等にどう関連するのか、研修したことを学校で生かすために管理職としてどのような支援が必要なのかを伝えたい。

　センター研修の受講生が、研修内容を各校の同僚に効果的に伝えるための資料を、講座の中で作成することも有効である。例えば、独立行政法人教職員支援機構が毎年実施している「カリキュラム・マネジメント指導者養成研修」（5日間）では、研修内容を学校現場に伝えるためのプレゼンテーションを協働的に作成する演習を行う。約30チームが分担し作成したプレゼンデータは「故郷への土産」として共有化される。筆者は鳴門教育大学教職大学院で現職教員に対して「ワークショップ型研修の手法」の講義を行っている。授業研究や総合学習の年間指導計画の見直し・改善、幼小中高のタテ連携及び学校・家庭・地域のヨコ連携の成果と課題の整理など様々な研修課題に関するワークショップを体験してもらうだけでなく、研修の目的や方法を説明したプレゼンやワークショップの様子の写真、各チームの成果物、開発された研修プラン等を受講生全員で共有化し、教職大学院2年次の置籍校での校内研修や修了後の校内研修・集合研修等に活用できるようにしている。こういった取組みは各教職員が学校外での研修成果を学校に還元していくためには重要である。

【引用文献】
1) 村川雅弘「資質・能力を学校現場でどう捉え実践するか」『新教育課程ライブラリ』Vol. 2、ぎょうせい、2016年、pp. 22-25
2) 村川雅弘「これからの総合的な学習の時間とその授業」共存の森ネットワーク編　村川雅弘・藤井千春監修『森の学校・海の学校〜アクティブ・ラーニングへの第一歩〜』三晃書房、2016年、pp. 182-189
3) 村川雅弘『ワークショップ型教員研修　はじめの一歩』教育開発研究所、2016年、p. 15
4) 村川雅弘・田村知子他編『「カリマネ」で学校はここまで変わる！』ぎょうせい、2013年、pp. 2-11
5) 前掲書3) p. 61
6) 前掲書3) pp. 58-59
7) 前掲書3) pp. 63-65、p. 82
8) 前掲書3) p. 60
9) 前掲書3) pp. 74-78

第2章
カリキュラム・マネジメントの研究・研修と実践課題

明星大学教授
吉冨芳正

❶ 学校におけるカリキュラム・マネジメント研究・研修

(1) 学校における研究・研修の必要性

　学校教育は、保護者等による家庭教育をはじめとする私教育に対して、法令により制度として設けられた公教育である。こうした学校教育の性質から、その質の向上に常に努めることが求められる。

　教育を各学校で担うのは教員であって、その資質・能力の向上は、学校教育の質を保障する上で極めて重要である。教員については、教育基本法等で定められるように、絶えず研究と修養に励むことが求められ、研修の充実が図られなければならないとされている。

　教員の研修は、任命権者が行うものをはじめ種々のものがある。平成28年11月には、任命権者に教員の資質の向上に関する指標や教員研修計画の策定を義務付けるなど、教育公務員特例法等が改正された。これを踏まえ、任命権者などによる教員研修は、一層、体系的、計画的、効果的に進めることが目指されていく。

　各学校においては、自校の教育の質を高めるよう、任命権者や市町村教育委員会による研修と関連を図りつつ、不断に実践と往還させながら研究を軸に据えた研修に取り組むことが不可欠である。

(2) カリキュラム・マネジメントに関する研究・研修の重要性

　平成28年12月21日の中央教育審議会答申（以下、「中教審答申」という）を踏まえ、平成29年3月31日に改訂された新学習指導要領では、「社

会に開かれた教育課程」という概念が示された。「社会に開かれた教育課程」とは、「よりよい学校教育を通してよりよい社会を創るという理念を学校と社会とが共有し、それぞれの学校において、必要な学習内容をどのように学び、どのような資質・能力を身に付けられるようにするのかを教育課程において明確にしながら、社会との連携及び協働によりその実現を図っていく」（新学習指導要領前文）という考え方である。各学校では、新学習指導要領の趣旨を踏まえ、子供たちがよりよい社会や人生を創造できる資質・能力の育成を実現するよう、教育課程を中核に据えて学校教育全体の改善を図っていくことが求められる。

　各学校においてそうした取組みを進めるうえでの鍵となるのが、カリキュラム・マネジメントである。カリキュラム・マネジメントは、学校の教育目標を実現するため、教育活動と経営活動とを関連付けて、計画・実施・評価・改善の過程を循環させ、学校内外の資源を最大限に活用しながら教育の質を高めていこうとする考え方である。こうしたカリキュラム・マネジメントを実現する力を高めることが教員に求められる。

　各学校においては、研修を通じて、新学習指導要領の趣旨や内容とともに、カリキュラム・マネジメントの考え方などについて理解を深める必要がある。そして、その考え方を生かし、自校の教育活動と経営活動の全体を視野に置いて課題を明らかにしたうえで、その改善のための研究に取り組んでいくことが重要である。

❷ カリキュラム・マネジメントの意義と考え方

(1)　カリキュラム・マネジメントの意義と総則

　子供たちがよりよい社会や人生を創造できる資質・能力の育成を目指

す「社会に開かれた教育課程」の理念を実現するためには、教科等を越えて、教育課程全体を構造的に見直す必要がある。新学習指導要領は、①子供たちが「何ができるようになるか」という視点から育成を目指す資質・能力や評価の在り方を明確にし、②子供たちが「何を学ぶか」という視点から教科・科目等の構成や目標・内容等を見直し、③子供たちが「どのように学ぶか」という視点から単元などのまとまりを見通しながら主体的・対話的で深い学びの実現を目指して、これらを一体的にとらえて改訂が行われた。こうした全体像を踏まえ、各教科等を学ぶ本質的な意義を問い直し、教育課程と教科等の関係を明確にしていくことが求められている。

　このような新学習指導要領の趣旨を各学校において実現するためには、カリキュラム・マネジメントが不可欠である。新学習指導要領の総則では、カリキュラム・マネジメントについて、「児童や学校、地域の実態を適切に把握し、教育の目的や目標の実現に必要な教育の内容等を教科等横断的な視点で組み立てていくこと、教育課程の実施状況を評価してその改善を図っていくこと、教育課程の実施に必要な人的又は物的な体制を確保するとともにその改善を図っていくことなどを通して、教育課程に基づき組織的かつ計画的に各学校の教育活動の質の向上を図っていくこと」と定義し、各学校でカリキュラム・マネジメントに努めるものとすると定められている（第1の4）。

　この規定は、中教審答申で示された、カリキュラム・マネジメントについての次の三つの側面を踏まえたものである。

① 　各教科等の教育内容を相互の関係で捉え、学校の教育目標を踏まえた教科等横断的な視点で、その目標の達成に必要な教育の内容を組織的に配列していくこと。
② 　教育内容の質の向上に向けて、子供たちの姿や地域の現状等に

関する調査や各種データ等に基づき、教育課程を編成し、実施し、評価して改善を図る一連のPDCAサイクルを確立すること。
③　教育内容と、教育活動に必要な人的・物的資源等を、地域等の外部の資源も含めて活用しながら効果的に組み合わせること。

さらに、総則では、次のような規定が盛り込まれた（第5の1ア）。

各学校においては、校長の方針の下に、校務分掌に基づき教職員が適切に役割を分担しつつ、相互に連携しながら、各学校の特色を生かしたカリキュラム・マネジメントを行うよう努めるものとする。また、各学校が行う学校評価については、教育課程の編成、実施、改善が教育活動や学校運営の中核となることを踏まえ、カリキュラム・マネジメントと関連付けながら実施するよう留意するものとする。

(2)　カリキュラム・マネジメントの構造と諸要素

　各学校においてカリキュラム・マネジメントを効果的に進めるうえで、教員が学校の教育活動や経営活動に関わる諸要素の全体像や相互の関係を把握することが重要である。それらを視覚化し共有する視点から、田村による「カリキュラムマネジメント・モデル」が役に立つ（図1参照）。これは、カリキュラム・マネジメントの要素として、「ア．教育目標の具現化」「イ．カリキュラムのPDCA」「ウ．組織構造」「エ．学校文化」「オ．リーダー」「カ．家庭・地域社会等」「キ．教育課程行政」を挙げ、全体の構造や要素相互の関係を視覚的に示したものである。
　学校の教育活動と経営活動は、「ア．教育目標の具現化」を目指して

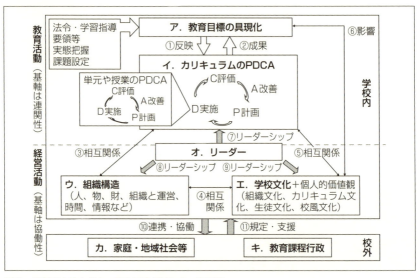

図1　田村によるカリキュラムマネジメント・モデル

行われる。そのための活動の中心となるのは「イ．カリキュラムのPDCA」（P（Plan）：計画、D（Do）：実施、C（Check）：評価、A（Act）：改善）である。学校の計画には、学校の教育課程を基軸として、各種の全体計画や各教科等の年間指導計画、それらを具体化した単元等ごとの指導計画などがあり、それぞれについてPDCAサイクルが循環している。それを支えているのが、人、物、財、組織運営などの「ウ．組織構造」と、教員や児童生徒の考え方や価値観などの「エ．学校文化」、校長をはじめ学校の成員が職責や分掌等をもとに果たす「オ．リーダー（シップ）」である。学校外の「カ．家庭・地域社会等」や「キ．教育課程行政」との関係も重要な要素である。

　カリキュラム・マネジメントにおいては、教育活動と経営活動、及び各要素間をつなげて考えることが重要である。このため、図の中では、教育活動と経営活動が一体的に示されるとともに、教育活動については「連関性」、経営活動については「協働性」という言葉で要素間をつな

げて考えることの大切さが示されている。

カリキュラム・マネジメントの考え方について、このモデルを用いると、教育活動と経営活動にわたって目を向けるべきポイントが具体的に明確になる。学校におけるカリキュラム・マネジメントは、実際はある程度行われている。自分たちが行っていることをカリキュラム・マネジメントの考え方に位置付け、目標をはじめ様々な要素を関係付け、意義や課題を検討し、取組みを効果的なものにしていくことが求められる。

❸ カリキュラム・マネジメントを確立する校内研究・研修のポイント

(1) 学校全体でカリキュラム・マネジメントについて理解を深める

カリキュラム・マネジメントは、学校の教育活動と経営活動の全体を俯瞰し、様々な要素とそれら相互のつながりに目を向けて、より適切な営みを追究するものである。したがって、校長等の管理職をはじめすべての教員が当事者である。教員が新学習指導要領の趣旨とともにカリキュラム・マネジメントの意義や考え方などを理解できるよう、上述のモデルなども活用しながら校内研修に取り組むことが求められる。

その際、カリキュラム・マネジメントを進めるうえで必要な知識を補うことも考えられる。例えば、目標・内容・授業時数等の教育課程やカリキュラムに関わる理論、学習指導や評価に関わる理論、教育経営に関わる理論など、教員の既有の知識の状況に即して必要な事項を研修の内容に取り入れることも大切である。

なお、「教育課程の編成」や「指導計画の作成」、「授業時数の配当」

といった用語で済むところに「カリキュラム・マネジメント」が用いられる例もみられる。カリキュラム・マネジメントについての理解を深め、取り組むべきことを焦点化するためには、常に定義を確かめ、的確な用語を選ぶよう常に心がけて研修を進めることが大切である。

(2) 課題とその改善への道筋を主体的、協働的に見いだす

　カリキュラム・マネジメントについての研修は、その意義や考え方などを教員が学んだところで終わりではなく、学校教育をよりよく変えていく出発点である。教員が学校の教育活動と経営活動の全体、及び自らが関わる学習指導、生徒指導、学級経営や分掌している仕事などについて、よさや課題、課題の改善への道筋を自分たちで見いだし、共有することが研修の中核になる。

　研修の進め方については、例えば、前述の田村によるカリキュラムマネジメント・モデルの図を活用して、各要素やそれら相互の関係について、自分たちの取組みや実情を振り返り、よさ（うまくいっている点、効果をあげている点、強みなど）や課題を書き出していく方法がある。こうした作業を通して、自分たちの学校には様々なよさや課題があることに気付くことができる。そのうえで、よさを生かし、課題を解決する手立てを検討する（図2参照）。こうしたモデルの活用は、独立行政法人教職員支援機構（元教員研修センター）における研修、教育委員会による研修や学校における研修に用いられ、効果をあげ始めている。

　その際、取り組むべき課題が多く挙げられた場合、教員の負担感が増すことが懸念される。この点について、田村は、「レバリッジ・ポイント」（相対的に小さな行動で大きな結果を生み出せる場）を探るという考え方を提案している。ある要素に手を入れたら他の要素まで望ましい変化が表れるポイントを見いだし、そこに力を注ぐことで全体がよい方

第2章 カリキュラム・マネジメントの研究・研修と実践課題

【研修の進め方の例】
「自校のよさを見つけ、課題改善の工夫に生かし合おう！」
事前の研修
　この研修は、新学習指導要領の趣旨やカリキュラム・マネジメントの考え方を理解する研修の後に行うとより効果的です。
準備するもの
・　模造紙、マジック、大きめの付箋紙（青、赤、黄）
・　自校の教育計画や経営計画、学校評価その他の学校の状況がわかる資料
進め方　（☆括弧書きの時間は、全体で100分の場合の配分目安）
　1　目的や進め方の説明と役割分担（進行役、発表役等）（5分）
　2　班別協議
　ステップ1　自校のよさや課題を書き出そう！（15分）
　○　カリキュラム・マネジメントの要素に着目して、自校の「よさ」や「課題」を付箋に書き出します。（それぞれ顕著なもの）
　　「よさ」→青い付箋　「課題」→赤い付箋
　　※1つの「よさ」又は「課題」につき、1枚の付箋を使います。
　ステップ2　よさや課題を紹介し合おう！（35分）
　○　書き出した自校の「よさ」や「課題」について付箋を模造紙に張り付けながらメンバーに紹介します。
　　※模造紙にカリキュラムマネジメント・モデル図を簡単に描いて、カリキュラム・マネジメントの要素に着目しながら付箋を貼っていってください。
　○　全員の付箋を貼り出したら、グルーピングを行い、キーワードを付けます。「よさ」や「課題」がどのようなところに表れているかを確かめ、特に解決すべき重要な課題はどれかを話し合います。
　　※持ち寄った関係資料を活用して根拠や具体例を示すと、互いに理解し易くなります。
　ステップ3　よさを生かし課題を改善する［レバリッジ・ポイント］を探そう！（25分）
　○　ステップ2の結果を踏まえ、［レバリッジ・ポイント］を提案し合い、効果的なカリキュラム・マネジメントについて話し合います。
　　※「レバリッジ・ポイント」→黄色い付箋
　　　ある要素に手を入れたら他の要素まで望ましい変化が表れるポイント。相対的に小さな行動で大きな結果を生み出せるように考える。
　○　発見した［レバリッジ・ポイント］やまとめを模造紙の余白などに簡潔にメモします。その際、［レバリッジ・ポイント］と関係する要素を線で結ぶなどして示します。
　　※模造紙での作業は、考えたり検討したりしたことを「見える化」し共有するために行うものです。見栄えにこだわる必要はありません。
　3　全体協議　共有とまとめ（20分）
　○　各班から、協議のポイントを簡潔に紹介してもらいます。
　○　全体で自校のよさや課題、見出した［レバリッジ・ポイント］を共有するとともに、学校としての研究につなげることを確認して終わります。

⇨　研修の成果を校内研究の計画・実施や条件整備につなげていきます。

図2　カリキュラム・マネジメント研修の例

向に回り始める。こうした考え方を取り入れ、教員が取組みの全体像や力を注ぐべきポイントについての見通しをもち、効果を期待できるよう検討を進めることが大切である。

　例えば、ある学校の研修で、自校のよさとして、教員同士の仲がよく、ものごとに前向きに取り組む雰囲気があることが挙げられた（学校文化）。一方、課題として、教員一人一人は指導の工夫を行っているが学力向上に結び付いていないことが挙げられた（カリキュラムのPDCA）。カリキュラム・マネジメントの諸要素や相互の関係を検討しているうちに、レバリッジ・ポイントとして、学校の目標をもっと体系化、具体化して教員で共有することが見いだされた（教育目標の具現化）。教員が協働し、学校の教育目標をはじめ学校に存在する様々な計画の目標をより体系化・具体化し共有することで、カリキュラムのPDCA全体が一貫性をもち、学力等の向上に効果的につながることに気が付いたのである。

　こうした研修を進めるに当たっては、教員が主体的、協働的に取り組むことができるようにすることが大切である。教員にとって「やらされている」感覚が強いと、研修は形骸化し、カリキュラム・マネジメントが効果的に進められることにはつながらない。教員がカリキュラム・マネジメントは自分たちの問題であって、仲間とともに取り組み、やりがいを感じられるようにすることが求められる。

(3)　課題改善に向け実践と研究を一体的に推進する

　上述(2)のような研修で見いだしたレバリッジ・ポイントを手掛かりにして課題を改善していく取組みは、各学校の教育課程の編成・実施を中核として教育活動と経営活動を通じて行われることになる。カリキュラム・マネジメントの考え方に立てば、そうした課題解決の取組みがば

らばらにならないようにすることが大切である。そのためには、学校の諸活動全体の中に研究を体系的、組織的に織り込み、目の前の子供たちが資質・能力を高めることができる教育の在り方を求めて、日々の実践と研究を一体的に進めることが考えられる。

　例えば、図3は、ある小学校の研究・研修計画である。

A小学校「研究・研修計画」

1　研究の全体構造　（図示）
　・学校教育目標と目指す子ども像
　・研究主題　「確かな学力を獲得する子どもの育成―読み解く力の向上を中心として―」
　・研究仮説
　　「全教科、領域において、多様な文章や資料を読み解く活動を充実させることによって、確かな学力が身に付くであろう」等
　・研究の重点
　・具体的施策
　・研究体制
2　研究の計画
　(1)　主題設定の理由と主題の意味
　　①　これまでの本校の研究と子どもの姿から　　②　学校教育目標から
　　③　「確かな学力」のとらえ　　　　　　　　　④　教育の今日的課題から
　(2)　研究の仮説と重点
　　①　目指す活動のとらえ
　　②　研究の重点と具体的施策（研究の重点、具体的手立て、検証計画）
3　各教科・領域の研究主題と子どもの姿
　　（各教科等ごとの研究主題と目指す読み解く姿）
4　目指す授業づくり
　　（学習活動と主な支援、各教科等ごとの問題解決的な学習過程）
5　推進の具体的計画（12か月を俯瞰した計画表）
6　研究部等組織
7　各種訪問及び校内研修会、県市の研修事業・講座との関連

図3　A小学校「研究・研修計画」

　この例のポイントは、学校の教育目標を実現するうえでの課題を学力向上、とりわけ読み解く力の向上にあると見定めて重点化し、全教科等にそれぞれの特性を踏まえた研究主題と目指す読み解く姿、問題解決的な学習過程を明確にしたことである。このため、学校をあげて研究組織を整え、教員全体が参画するようにしている。焦点を明確にした研究授

業と研究協議も、熱心に行われ、各教員の工夫の共有が行われている。そして、学年部ごとに設定した数値化した到達目標に照らして、一定期間ごとにアンケートその他で進捗状況を評価し、その実態に即して必要な補充指導に踏み込んでいく。このような取組みは、実践と研究を一体的に進めているということができる。

　なお、カリキュラム・マネジメントについての研究・研修は、各学校において教員が自分たちの取組みを主体的に見直し工夫改善を進めるところに意義があるが、より効果的に進めるために行政の支援を得たり、研究者と連携を図ったりすることも重要である。

【参考文献】
- 田村知子、村川雅弘、吉冨芳正、西岡加名恵『カリキュラムマネジメント・ハンドブック』ぎょうせい、2016年（カリキュラムマネジメント・モデル図を用いた実態分析はpp. 36-50、校内研修についてはpp. 190-202）
- 田村知子『カリキュラムマネジメント―学力向上へのアクションプラン（日本標準ブックレット）』日本標準、2014年
- 田村知子「カリキュラムマネジメントへの参画意識を促進する校内研修の事例研究」『カリキュラム研究』第15号、2006年、pp. 57-70
- 村川雅弘、野口徹、田村知子、西留安雄『「カリマネ」で学校はここまで変わる！』ぎょうせい、2013年
- 吉冨芳正「『アクティブ・ラーニング時代』のカリキュラム論」『教育創造』Vol. 184、上越教育大学附属小学校内高田教育研究会、2016年

第3章
資質・能力の育成を実現する単元構成の追究

上智大学教授
奈須正裕

① 単元とは何か

(1) 教育課程編成とは内容の方法的組織化である

　我が国では、教育課程において指導すべき内容は、総合的な学習の時間をほぼ唯一の例外として、学習指導要領に明記されている。しかし、それらの内容を直接子供に教えることはできない。必ず何らかの一連の活動を組織し、それら一連の活動を通して一連の内容を子供たちが学び取るよう、周到な計画を立てる必要がある。

　例えば、「中和」という概念を教えるべく、同規定量の塩酸と水酸化ナトリウムを混ぜた水溶液に金属片を入れて観察させるといった具合である。しかも、この実験で金属片が何らの反応も示さない事実に子供が意外感を感じ、その理由を探究する中で「中和」という新たな概念を獲得するためには、それに先んじて塩酸と水酸化ナトリウムの水溶液の中で、金属片が激しく化学反応を示す事実を経験している必要がある。一連の活動を通して一連の内容を学び取るよう周到な計画を立てる必要があると述べたのは、このような意味においてのことである。

　したがって、学校における教育課程編成とは、学習指導要領に示された内容を方法的に組織化することであり、その焦点は活動と内容の望ましい結び付きを探ることにある。

　この作業は、実際には2つの水準で進められる。すなわち、活動と内容の結び付きに関する基本単位である単元と、1年間に実施されるすべての単元を集成し、構造的に配列した年間指導計画である。

（2） 学習活動の単位を子供の学習過程に求める

　単元とは英語の unit の訳語であり、子供の認識なり活動に照らした時に有機的な連関をもつ教材なり経験の「まとまり」を意味する。

　単元という概念は、ドイツにおいてヘルバルト派のチラーによって創始された。彼は学習には、分析→総合→連合→系統→方法という形式的段階があり、教材の組織においてもこれを考慮すべきだと主張した。当時は、教材の形式的、表面的なひと区切りをそのまま教材単位とするのが一般的だったが、チラーは子供の認識過程との統合という点に教材単位決定のよりどころを求めたのである。

　これとは別に、アメリカでは経験主義の立場から、教材ではなく問題解決活動（デューイ）や目的的活動（キルパトリック）のまとまりを基盤とする単元論が提唱される。チラー流の形式的段階に対し、デューイは、問題的場面→問題の形成場面→解決策の形成場面→解決策の検証場面→解決された場面という段階を考え、キルパトリックは、目的→計画→実行→判断という流れを、子供の学習過程として想定した。

　ここに至って単元は、子供の認識過程に照らしての教材のまとまりを基盤とする教材単元と、子供の主体的活動に照らしての経験のまとまりを基盤とする経験単元の２つの流れをもつようになる。

　我が国では、昭和20年代に経験主義に基づく単元論が盛んになった経緯があり、単元という考え方自体が経験主義的であるとの誤解があるが、チラーに起源を持つ系譜は大いに系統主義的である。

　むしろ、経験主義的か系統主義的かという構成原理を超えて、単元という考え方が一貫して大切にしてきたのは、学習活動の単位を子供の学習過程に求めることであった。そこでは、「子供にとって学びとは何か」という問いが、常に発し続けられてきた。その意味では今日、子供の学習過程への考慮を欠く教育課程や指導案にも単元という言葉が無自覚に

用いられている現状には、大いに問題がある。

❷ 学習する子供の視点に立つ

(1) 学習指導要領における単元の復活

　昭和22年、26年の学習指導要領（試案）では、単元は教育課程を論じる鍵概念であった。ところが、昭和33年の学習指導要領では、社会科を唯一の例外として、単元という言葉は用いられなくなる。

　今回、半世紀以上ぶりに、学習指導要領に単元という言葉が復活を遂げた。新学習指導要領では、「単元（や題材）など内容や時間のまとまりを見通し」といった表現が総則、そして各教科等に頻繁に登場するが、実に画期的なことといえよう。

　なぜなら、単元という考え方は、学習内容の方法的組織化、つまり学習内容と学習活動をどのように結びつけるかという実践的な営みに際し、そのよりどころを一貫して子供の学習過程に求め、「子供にとって学びとは何か」という問いを発し続けるものだからである。

(2) 教育課程企画特別部会

　実は、この子供の学びをこそよりどころとするという考え方は、今回の学習指導要領改訂における大きな柱であった。それは、改訂作業の進め方にも表れており、大臣諮問から10か月の間、各教科等別の部会は立ち上げられず、議論はもっぱら教育課程企画特別部会を舞台に展開された。議論の内容も、これからの学校はどうあるべきか、そこではどのような質の学力を育成すべきか、そのためには教育課程に何が求められる

第3章
資質・能力の育成を実現する単元構成の追究

のかなど、極めて原理的なところから、全面的で抜本的な洗い直しが試みられた。その理由について、教育課程企画特別部会は2015年8月26日の「論点整理」において、次のように説明している。

> 指導すべき個別の内容事項の検討に入る前に、まずは学習する子供の視点に立ち、教育課程全体や各教科等の学びを通じて「何ができるようになるのか」という観点から、育成すべき資質・能力を整理する必要がある。その上で、整理された資質・能力を育成するために「何を学ぶのか」という、必要な指導内容等を検討し、その内容を「どのように学ぶのか」という、子供たちの具体的な学びの姿を考えながら構成していく必要がある。(pp. 7-8)

そして、続けて「こうした検討の方向性を底支えするのは、『学ぶとはどのようなことか』『知識とは何か』といった、『学び』や『知識』等に関する科学的な知見の蓄積である」(p.8) と述べられている。

今回の改訂を巡るすべての文書の中で、個人的にはこの部分が最も重要だと考えている。とりわけ、「まずは学習する子供の視点に立ち」という記述は注目に値する。

なぜなら、従来の教育課程に関する議論は、ついつい教える大人の視点から、教科等ごとに教えるべき知識・技能をリストアップすることに意識が集中しがちであった。しかし、その知識・技能が子供の中でどのように息づき、彼らの人生を支えていくのか。そのことが明らかにならない限り、せっかく教えた知識・技能も「生きて働かない」「宝の持ち腐れ」学力に留まる危険性がある。

また、子供の視点に立って見直したからこそ、「何ができるようになるのか」という目標論＝学力論を上位に置き、「何を学ぶのか」という教育内容論と「どのように学ぶのか」という教育方法論を、その目的実

現の手段として位置付ける構造が生まれた。はじめに在来の「教科ありき」ではなく、また「内容」の習得それ自体が学校教育の最終目標でもないことを言明した点に、これまでにはない新しさがあると言えよう。

さらに、すべての検討を、まずは学習する子供の視点に立って進めることにしたからこそ、子供たちが「学ぶとはどのようなことか」、そこで学ばれる「知識とは何か」をこれまで以上に深く問う必要が切実に生じたのであり、「学び」や「知識」等に関する科学的な知見がより精緻に、また広範囲にわたって参照されるようになったのである。

(3) 主体的・対話的で深い学び

同様の動きは、教育方法を巡って提唱された「主体的・対話的で深い学び」にも認められる。平成28年12月21日の中教審答申は、「主体的・対話的で深い学び」について以下のように説明している。

> 「主体的・対話的で深い学び」の実現とは、特定の指導方法のことでも、学校教育における教員の意図性を否定することでもない。人間の生涯にわたって続く「学び」という営みの本質を捉えながら、教員が教えることにしっかりと関わり、子供たちに求められる資質・能力を育むために必要な学びの在り方を絶え間なく考え、授業の工夫・改善を重ねていくことである。(p. 49)

つまり、「主体的・対話的で深い学び」とは、「子供たちに求められる資質・能力を育むために必要な学びの在り方」であり、そのための「授業の工夫・改善」のよりどころは、やはり「人間の生涯にわたって続く『学び』という営みの本質」をとらえることなのである。

このように、今回の学習指導要領改訂は徹頭徹尾、学習する子供の視

点に立つことを原理に進められた。そして、このような在り方は、単元という考え方が永年にわたって大切にしてきたことと大いに通底する。

❸ 学びの文脈を本物にする

(1) 状況に埋め込まれた学習

　では、「『学び』という営みの本質」を巡って、とりわけ、新学習指導要領が目指す資質・能力の育成との関連において、近年の科学的研究は、どのような知見を見いだしてきたのだろうか。

　全国学力・学習状況調査におけるA問題とB問題の結果が鮮烈に示してきたとおり、知識・技能を所有することと、それらを初めて出合う問題状況に適切に活用できることとの間には、大きなギャップがある。

　その原因について考え、対策を講じるうえで参考となるのが、1980年代に現れた「状況に埋め込まれた学習（Situated Learning）」という考え方である。そこでは、そもそも学習とは具体的な文脈や状況の中で生じるものであり、学ぶとはその知識が現に生きて働いている本物の社会的実践に当事者として参画することであると考える。

　従来の単元構成では、その知識がどんな場面でも自在に使えるようにとの配慮から、むしろ一切の文脈や状況を捨象して純化し、一般的命題として教えてきた。しかし、何らの文脈も状況も伴わない知識は、いわば「取り付く島のない」のっぺらぼうな知識であり、子供には無機質で形式的な手続きの習得と映ってしまう。そのようにして学び取った知識は、ペーパーテストのような特殊的な状況をほぼ唯一の例外とすれば、現実の意味ある問題解決にはおよそ生きて働かない。

　ならば逆に、具体的な文脈や状況を豊かに含みこんだ本物の社会的実

践への参画として単元を構成してやれば、学び取られた知識も本物となり、現実の問題解決に生きて働くのではないか。これが、オーセンティックな（Authentic：真正の）学習の基本的な考え方である。

(2) トマトの授業

　例えば、実際にスーパーで売っている様々なトマトのパックを買ってきて、「どれが一番お買い得か」を問う。算数の指導内容としては「単位量当たりの大きさ」であるが、現実のトマトのパックは個数だけでなく、大きさや品質等も微妙に異なり、そのままでは比べられない。生身の状況は、そう安々とは算数の都合に沿ってはくれないのである。
　しかし、このような状況がかえって何とか計算できないかとの切実感を子供たちに生み出し、「グラム当たりなら比べられるんじゃないか」との着眼をもたらす。その背後にはグラム当たり表示を近所のスーパーで見た経験や、それを取り上げた社会科学習が生きて働いている。
　あるいは、1個当たりやグラム当たりでは割高に思えたブランドトマトについても、栄養素に注目して「リコピン1.5倍なんだから、リコピン当たり量で比べれば、ブランドトマトの方がお買い得かも」などと言い出す子供が現れる。ついには、算数的には1個当たりで決着が着くはずの同じ種類のトマトについても、「うちは2人家族だから、4個パックだと余っちゃう。だから、うちとしては2個パックの方がむしろお買い得」といった見方ができるようになる。
　子供たちは自身の生活実感や関心事に引きつけて主体的に学ぶとともに、立場や経験を異にする仲間との対話的な学びを通して立体的に学びを深めていく。算数では数理手続きも学ぶが、それ以上に重要なのが多様な状況下での数理の意味であり、さらには数理のよさや適用条件、限界にまで学びを深めて初めて、学んだ知識・技能としての数理は現実の

問題解決に適切かつ創造的に生きて働く。

「科学する」学び

　このような事例を挙げると、オーセンティックな学習とは学びの生活化だと誤解する向きがあるが、そうではない。

　例えば、理科の実験では操作の不正確さや、さらにいくら手続きがしっかりしていても、測定誤差やそもそもの実験材料のばらつき等により、多少なりともデータが荒れてしまう。とりわけ、子供たちは操作に慣れていないし、いい加減に取り組む場合などもあって、法則性が確定できないほどに不安定なデータとなることもしばしばである。

　しかし、だからといって苦し紛れに、「みなさんの実験でははっきりしないデータになりましたが、本当はこのグラフはまっすぐになるんですよ」などとしてはいけない。なぜなら、それはデータの無視や捏造であり、最も反科学的な態度だからである。

　教師が率先してそんなことをしてしまうと、子供たちはいよいよ実験に身が入らず、いつまでたっても正確な操作や測定が身に付かない。それでは、実験という理科に固有な知識生成の方法論や、そこから導き出されるであろう理科の「見方・考え方」など、育つはずもなかろう。

　にもかかわらず、なぜそんな愚かな行為に出てしまうかというと、今日の指導事項を何とか消化したいと考えるからに他ならない。したがって、資質・能力の育成をこそ重視する発想に立てば、こういった迷いもまた、きれいサッパリ消え去るであろう。

　というわけで、ここは徹底して科学的な態度で臨みたい。

　例えば、「みなさんの実験から得られたデータをグラフにしてみたわけですが、このグラフからは何のきまりも関係も見いだすことができそ

うにありません。ですから、この2つの間には何の関係もないというのを、クラスの結論としていいですか」と言い放ってみる。
　すると、子供たちはあわてて、「先生、教科書には関係があると書いてあります」と言うかもしれない。
　「教科書にどう書いてあろうが、実験の結果は関係のないことを示しています。みなさんが一所懸命に、しっかりと正確にデータを取った結果ですからね。ほかはどうか知りませんが、2組としては関係がないということにするしかないでしょう。」
　「いや、もしかすると、僕たちは実験でミスをしたかもしれないし。」
　「そうですか。ミスをしたのであれば、話が違ってきます。」
　「先生、私たちの班はちょっとふざけていたので、それも結果に影響したと思います。」
　「すると、このデータは信用できませんね。どうすればいいですか。」
　「できれば、もう一度真面目に、しっかりと実験をして、正確なデータを取りたいです。」
　「そうですか。どこでミスをしたのか、見当はつきますか。そして、今度はふざけないで実験ができますか。できそうであれば、来週、もう1回挑戦してもいいです。」
　翌週の実験では、子供たちは人が変わったかのように大真面目に、そして万事慎重にことを運ぶであろう。すると、データは見違えるようにきれいに整ってくるし、今度はきまりも無理なく見いだせる。と同時に、それでもなお、データに少々の荒れは残るのである。
　子供たちは不思議がったり残念がったりするが、この厳然たる事実が、実験という近代科学が確立してきた知識生成の方法の真実である。このことを受け入れ、なぜそうなるのかを理解し、だからこそ「誤差の処理」に関する精緻な方法論が存在することを知り、なるほどと納得するとともに、さらに深めていきたいと願うようになっていくであろう。

その教科ならではの「見方・考え方」を子供たちが感得する簡潔にして最善の方法は、教師がその身体や言語を駆使し、「見方・考え方」という抽象を、子供にもわかる多様な具体的現れとして教室で体現し続けることである。古くから言われてきたとおり、子供にとって最大にして最善の教材は教師である。この原則は、資質・能力を基盤とした教育でも何ら変わらないどころか、いよいよ重要になってくるに違いない。

このような「科学する」、あるいは「文学する」「芸術する」といった授業もまた、当然のことながらオーセンティックな学習の範疇に入る。オーセンティックな学習とは、様々な意味において、子供が本物の社会的実践に当事者として参画する学びの総称なのである。

5 子供の研究と教科等の研究

以上、資質・能力の育成を実現する単元構成の具体的な方途を探るべく、「学び」という営みを巡って近年の研究が見いだした「状況に埋め込まれた学習」という考え方に立脚し、単元がよって立つ学習活動の文脈や状況を本物の社会的実践への参画とする、オーセンティックな学習の原理と実際について概観してきた。

紹介した事例は、いずれも子供が生き生きと活躍するものであるが、だからこそ、このような単元を構成するには、教師には教材研究、そしてその奥にある内容の研究、さらに内容の指導を通して実現が見込まれる資質・能力の研究が欠かせない。単元という考え方が一貫して大切にしてきた、「子供にとって学びとは何か」という問いを深めるには、目の前の子供の事実を丁寧に見ていくと同時に、その学びが対象とする教科等それ自体に関する深い見識が求められるのである。

【参考文献】
○ 奈須正裕『「資質・能力」と学びのメカニズム』東洋館出版社、2017年

第4章
「主体的・対話的で深い学び」を実現する授業研究

千葉大学教授
藤川大祐

「主体的・対話的で深い学び」とは何か

　2016年、次期学習指導要領改訂への方策を示した中央教育審議会答申「幼稚園、小学校、中学校、高等学校及び特別支援学校の学習指導要領等の改善及び必要な方策等について」は、学習指導要領改善の方向性の一つとして、「『主体的・対話的で深い学び』の実現」を挙げた。これ以降、それまで用いられることが多かった「アクティブ・ラーニング」という表現に代わり、「主体的・対話的で深い学び」という表現が使われており、次期学習指導要領でもこの表現が用いられている。

　「主体的・対話的で深い学び」は、「主体的な学び」「対話的な学び」「深い学び」の三つの要素から構成される。中教審答申は、それぞれを以下のように説明している。

> 主体的な学び：学ぶことに興味や関心を持ち、自己のキャリア形成の方向性と関連付けながら、見通しを持って粘り強く取り組み、自己の学習活動を振り返って次につなげる
> 対話的な学び：子供同士の協働、教職員や地域の人との対話、先哲の考え方を手掛かりに考えること等を通じ、自己の考えを広げ深める
> 深い学び：習得・活用・探究という学びの過程の中で、各教科の特質に応じた「見方・考え方」を働かせながら、知識を相互に関連付けてより深く学習したり、情報を精査して考えを形成したり、問題を見いだして解決策を考えたり、思いや考えを基に創造したりすることに向かう

第4章 「主体的・対話的で深い学び」を実現する授業研究

　これらすべてを満たす授業はいかにして実現できるのであろうか。一つ一つ検討していこう。
　まず、「主体的な学び」について。
　ここでは、「自己のキャリア形成の方向性と関連付けながら」というところに着目する必要がある。子供たちが学習内容を他人事として感じ、学んだことが自らの生き方に全く関係しないとしたら、「自己のキャリア形成の方向性と関連付け」たとは言い難い。たとえば、あらゆる物は分子でできていると知って、物質の分子構成が気になって仕方がなくなったとか、いつも答えが決まっていると思われた数学の問題に未解決の問題があると知ってショックを受けたとか、歴史のエピソードが気になって図書室に行って本を読んだというように、何かを学んだことで自分が影響を受け、態度や考え方が変わるということはあり得る。こうしたことを重ねる中で、自分がどのような人間で何を目指していくのかが徐々に見えるようになり、様々な物事の見え方が自らが目指すものと関連付けられるようになると考えられる。
　言い方を変えれば、「主体的な学び」とは、学ぶ対象を三人称的に見る、すなわち他人事として対象を見るのでなく、自分なりに関係を結ぶものとして二人称的に見るということだと考えることができる。「主体的な学び」とは、単に自分から意欲をもって学ぶということではなく、学ぶ対象を自らと関わるもの、自らに影響を与えるものと見て学ぶことだといえる。
　次に、「対話的な学び」について。
　「対話的」という言葉からは、子供たちが互いに話し合うことが浮かぶかもしれないが、書かれているのはそれだけではない。「教職員や地域の人との対話」も挙げられている。もちろん子供同士で話し合うことは「対話的な学び」の基礎となるだろう。だが、同世代の子供たち同士で話し合っても、立場の多様性には限界がある。世代の違う者や異なる

経験をした者は、同じ学級の子供たちとは大きく異なる考え方をし、コミュニケーションの方法も異なるであろう。だからこそ、世代の違う者や異なる経験をした者との話し合いでは、なかなか思いが通じないことがあったり、驚くような話が聞けたりする。そのような話し合いをすることで、「自己の考えを広げ深める」ことができると考えられる。

さらに、「対話的な学び」では、「先哲の考え方を手掛かりに考えること」も挙げられている。対話といっても、対面状況での音声言語による対話に限定されるものではなく、異なる時代を生きた者たちが書き記した言葉や、話したとされ記録されてきた言葉を手掛かりに考えることも、「対話」とされている。先人とは物理的に双方向の対話ができるわけではないが、しかし、私たちは想像の中で先人に問いかけ、先人の言葉を聞こうとすることはできる。

こうしたことから、「対話的な学び」とは、同世代の子供たちはもちろん、同時代を生きる異世代の人や異なる時代の人など、自分とは異なる考え方をもち異なる経験をしてきた人としっかりと関わることを含んでいることがわかる。

そして、「深い学び」について。

ここでは、学びに深い–浅いという区別が導入されているととらえることができる。深いか浅いかは感覚的なものと思われるかもしれないが、どうもそうではない。ここで重要なのは、「知識を相互に関連付けて」とあるように多様な要素を関連付けることである。

学びや考えなどが「浅い」とか「深い」といわれることがあるが、この場合、「浅い」あるいは「深い」は何を意味するのであろうか。「浅い」というと、あまり手間をかけずに狭い範囲のことがらしか扱っていないと考えられるであろう。「深い」はその逆で、手間をかけ、幅広いことがらを扱っていると考えられるであろう。狭い範囲のことがらしか考えられていないことは、より広い範囲のことがらを視野に入れたときに覆

される可能性が高いから、「浅い」ということになる。広い範囲のことがらを視野に入れていれば、視野に入っていないことがらは少ないはずなので、考えたことが大きく覆される可能性は低いので、「深い」ということになる。

また、「深い学び」を考えるうえでは、学びにかける時間に着目する必要もあるだろう。広い範囲のことがらを関連付けるためには、時間が必要である。1回の授業で「深い学び」が実現できると考えるのでなく、ある授業で学んだことと別の授業で学んだこととを関連付けるというように、複数のことがらが時間をかけて関連付けられることもありうる。広い範囲のことがらを関連付けるには時間をかけることが必要だということを、確認しておきたい。

整理しよう。「主体的・対話的で深い学び」とは、次のような学びである。

1　子供のキャリア形成すなわち生き方に影響を及ぼす学び
2　多様な他者としっかりと関わってなされる学び
3　広い範囲のことがらを関連付けてなされる学び

「主体的・対話的で深い学び」がこうしたものだとすれば、日本の学校教育ではこれまでほとんどなされていなかったものだといえよう。これまでの日本の学校教育には、試験問題で正しいとされる答えを出せるよう訓練し、余計なことがらを扱わないようにするという面が強かった。こうしたものと「主体的・対話的で深い学び」との間の距離は、絶望的に遠い。

❷ 「主体的・対話的で深い学び」を実現するには

　では、「主体的・対話的で深い学び」を実際に行えるようにするには、どうすればよいのだろうか。
　「主体的・対話的で深い学び」は子供たちに委ねて教師は見守りつつ進行すればよいと思われそうだが、それは違う。むしろ、教師の役割は重要になる。
　まず、子供のキャリア形成に影響を及ぼす学びを実現するためには、教師が個々の子供の生き方、目標等についてある程度理解したうえで、それぞれの子供の生き方に影響を及ぼせるよう授業を構成しなければならない。個々の子供について適切に理解し、その理解に基づいて授業を構成するのであるから、子供理解や授業デザインに関して教師には高い専門性が求められる。
　次に、多様な他者としっかり関われるようにするには、教師が率先して子供たちと対話をすることが重要だと考えられる。子供たち同士では多様性に限界があるが、子供たちがいきなり学校外の大人から話を聞こうとしても不慣れな子供が多いので、子供のコミュニケーション能力に配慮しつつ教師が対話の相手となるとよい。
　そして、広い範囲のことがらを関連付けて考えさせるためにも、教師の役割は重要である。個々の子供は、学んでいる内容に何がどのように関連するかについて、あまり知識がない場合が多い。最初は関連することがらについて教師が調べておき、個々の子供に合うように関連付けを示唆することが求められる。
　以上のように、「主体的・対話的で深い学び」を実行するために、教師は個々の子供についての理解や、教科、教材についての理解を基盤と

し、個々の子供に配慮した指導をすることが求められる。これまでこうしたことを行ってこなかった教師には、「主体的・対話的で深い学び」の実行は困難だと考えられる。

では、どうすれば「主体的・対話的で深い学び」を実行できるようになるのだろうか。

おそらく、教師自身が「主体的・対話的で深い学び」をできるようになるしかない。すなわち、次のような学びを実践できるようになることが求められる。

> 1　自身のキャリア形成すなわち生き方に影響を及ぼす学び
> 2　多様な他者としっかりと関わってなされる学び
> 3　広い範囲のことがらを関連付けてなされる学び

教師がこうした学びの対象とすべきは、まさに「主体的・対話的で深い学び」である。再帰的になるが、「主体的・対話的で深い学び」について、主体的に、対話的に、深く学ぶのである。「主体的・対話的で深い学び」について学ぶのであれば、自らがこうした学びを可能にする授業ができるようになろうとするであろうし、「主体的・対話的で深い学び」について学ぼうとする者同士で話し合いができるであろう。そして、様々な教師の様々な授業、様々な教科内容等を関連付けて学ぼうとするであろう。

結局、教師が「主体的・対話的で深い学び」を指導できるようになるためには、自らが「主体的・対話的で深い学び」について主体的に、対話的に、深く学ぶことが求められるといえる。

❸ 「主体的・対話的で深い学び」を扱う授業研究

　教師が「主体的・対話的で深い学び」について学ぶ場こそ、「主体的・対話的で深い学び」を扱う授業研究の場である。すなわち、ある学級の子供たちがある教科内容について「主体的・対話的で深い学び」ができるようになるにはどうすればよいかについて議論を重ねて授業プランをつくり、その授業プランに沿って授業を実施し、「主体的・対話的で深い学び」ができていたかを振り返るという一連の流れで行う授業研究を行うのである。

　以下、こうした授業研究を行ううえで重要な点を述べる。

①　「主体的・対話的で深い学び」の経験ある指導講師をつける

　校内で「主体的・対話的で深い学び」について実践的な研究を行った経験のある者がいればよいが、そうでない場合、経験のない教師だけで授業研究を行うことには無理がある。子供たちが「主体的・対話的で深い学び」を進めるうえで教師の役割が重要であるのと同様に、「主体的・対話的で深い学び」に関する授業研究を進めるうえでは指導講師の役割が重要である。指導講師には、実践的研究の実績がある研究者やある程度学問的なトレーニングを受けた現職教員（指導主事等も含む）が適任であろう。

②　教科内容に関する検討を十分に行う

　「主体的・対話的で深い学び」は、教科内容と深く関連している。それゆえ授業研究においては指導案作成段階で教科内容に関する検討を十分に行う必要がある。

第4章
「主体的・対話的で深い学び」を実現する授業研究

　ある小学校で、低学年算数の筆算の授業について授業研究を行った例がある。この時には、指導案作成段階で、指導講師を交え、小学校低学年児童にとって筆算がいかなる意味をもつのかについて検討を行った。そして、筆算を一定のルールで手続きを進めるアルゴリズムの典型例としてとらえ、アルゴリズムを身体になじませ、例外なく正確に実行できるようにすることが、算数の学習においてこれまで徹底されていなかった点であり、今後は求められることであろうという議論を行った。結局、教師たちは筆算のアルゴリズムを身体化させるための歌を作って子供たちと一緒に歌いつつ筆算の学習を行うことを考えた。わかりやすく楽しい歌を作り、歌をどう使えば全員が完璧に計算できるかを考え、子供たちはひたすら筆算の練習を行った。この実践では、算数で扱う筆算という内容について掘り下げたことによって、教師たちも子供たちも、それぞれに「主体的・対話的で深い学び」を実行していたといえる。

③　方法に関する固定観念を捨て、柔軟に考える

　「主体的・対話的で深い学び」の具体的な方法としては、「ジグソー法」（グループごとに異なることを学んだ後、各グループから1人ずつで新たなグループを構成して、その中で最初に学んだことを交流する方法）や、「ワールドカフェ方式」（メンバーの構成を変えながら少人数の議論を行う方法）といった方法が知られている。だが、「主体的・対話的で深い学び」の方法は多様にあってよいはずであり、あまり複雑な方法を用いなくても、参加者が少人数のグループで話し合えれば十分という場合もある。重要なことは方法でなく内容であり、多様な他者と関わり広いことがらを関連付け、各参加者が自らのキャリア形成に影響させるように学べるようにすることであるので、方法に関する固定観念は捨てるべきである。

④　外部からの参加者を歓迎する

　研究を重ねると、学校の中で共有される用語や文脈が増えてくる。独特の用語や関係者の名前等が何の説明もなく出されることも多い。だが、このような状況は、外部からの参加者を排除することにつながる。

　「主体的・対話的で深い学び」では、集団内部だけでなく外部の人との関わりが重要である。授業研究においても、外部からの参加者を歓迎すべきであり、排除するようなことはあってはならない。前提となることがらを丁寧に説明し、考え方や経験の異なる参加者の話を真摯に聴けるようにする必要がある。

　校内研究会にも近隣の他校の教師に参加を呼びかけたり、地域の方等、教師以外の方をゲストとして招いたりと、意識的に外部からの参加者があるように運営することも考えられてよい。教師以外の人がいることによって、教科内容がどのようにキャリア形成に関係するかについての議論を行いやすくなると考えられる。

⑤　授業研究の成果を次につなげる

　教師たちが「深い学び」を実行するためには、やはり時間をかけることが必要である。1回の授業研究で完結するのでなく、ある回の授業研究で明らかになった課題を次の回の授業研究で再度取り上げる等することで、複数の回の内容が関連付けられる。

　私が関わってきた学校では、授業研究として正式な協議会が終了した後、校長室でその日の授業担当者や次の回の授業担当者を中心に教員たちが集まり、指導講師とともにお茶を飲みながら懇談することが多かった。こうした懇談の中で、その日の課題について改めて振り返ることや、次の回との関連が話題になる。こうした非公式の場が、複数回の授業研究で出されたことがらを関連付けることに機能していたといえる。

⑥ ICTを活用する

　授業研究にビデオ等が使われるようになってから久しいが、「主体的・対話的で深い学び」を扱う際には、ますますICTの活用が求められる。

　授業研究に参加する際、私はあらかじめ学校にお願いして授業中に写真や動画を撮影することをお許しいただくようにしている（当然、用途はその学校の授業研究内に限定している）。授業後に参加者と共有したいことを中心に、写真や短時間の動画を撮影する。授業後に私が注目した点を写真や動画で振り返ることで、参加者に具体的な課題が共有される。「主体的・対話的で深い学び」を目指す授業においては、子供たちの机の上が効果的に使われているかとか、ノートやワークシートが使い易い状態になっているか、グループで活動している際に一人一人の子供がどのような役割を担っているか等について、具体的な検討が必要だ。多くの参加者が写真や動画を撮影するようになれば、幅広い観点から課題を共有できるようになる。

　また、参加者の意見を効率的に整理するためにも、ICTの活用は検討される必要がある。現状では、付箋紙に意見を書いて模造紙に貼ったりすることが多いが、遠くからは見えにくい。参加者がタブレット等で意見を打ち込むことを可能にし、コンピュータ上で意見がわかり易く整理されて表示されるようになることが望ましい。こうしたシステムは、子供たちの話し合いをサポートするシステムとしても使えるものであり、今後これまで以上に使い易いものが増えていくことが期待できる。

　以上のように、「主体的・対話的で深い学び」に関する授業研究を進めるためには、教師たちが自分たちで試行錯誤しながら「主体的・対話的で深い学び」を実行することで、子供たちに指導する力量を形成することができると考えられる。

第5章
新教育課程の軸となる言語能力の育成と言語活動の充実

川村学園女子大学教授
田中孝一

1 次期教育課程——政策動向との連動——

　平成29年3月に、幼稚園、小学校、中学校の学習指導要領が告示された。この改訂の大きな特徴は国の政策動向との連動にある。
　文部科学省は、平成28年1月に、「『次世代の学校・地域』創生プラン」（以下、「創生プラン」）（p.59資料参照）を策定している。これは、その名のとおり、これからの学校教育の在り方や地域との連携の在り方を大きく改革することを目指すもので、中央教育審議会（以下、「中教審」）の3つの答申[1]を一体のものとして施策を実行に移すものである。
　創生プランには、中教審教育課程部会を中心として別途審議中であった次期学習指導要領の趣旨や内容等と深く関わる文言、例えば「社会に開かれた教育課程」などが見られる。このことからも、次期学習指導要領とこれらの3答申との連動性が容易に理解できる。実際に、中教審でも、創生プランとの連携の在り方についても検討していて、その結果は、平成28年12月の答申（以下、「中教審答申」）にも「『次世代の学校・地域』創生プランとの連携」という項目を設けて記述している（第1部第10章1．）。
　ただ、創生プランの内容を実現するためには、創生プランでも明示しているように、教育公務員特例法、教育職員免許法、地方教育行政法、学校教育法等幾つもの法律の改正が必要であった。政府は、必要な法改正を、小学校等の学習指導要領等の告示と同時期の平成29年3月までに終了させ、基本的には同年4月1日から施行している。
　これらの制度改正は、初等中等教育に携わる教員を養成する大学教育とも大きな関係がある。創生プラン中には、教員の資質・能力の向上について、養成・採用・研修全体にわたって新たな仕組みをつくるという

提案がある。特に、養成段階においては、初等中等教育の次期教育課程に対応すべく、教職課程の再課程認定が平成30年度に実施され、平成31年度から新認定基準による教職課程が実施される予定となっている。

さらにいえば、新しい教職課程は、教職課程コアカリキュラムに即して形成される。教職課程コアカリキュラムとは、全国のすべての教職課程を設置する大学で共通に実施するカリキュラムのことであり、教職課程の内容の共通化、教育の質の一定水準の確保を意図したものである。

一方、初等中等教育の側にも同様の大きな動きがある。（独）教職員支援機構（旧（独）教員研修センター）の事業「新たな学びに関する教員の資質能力の向上のためのプロジェクト」（平成27-29年度）である。このプロジェクトは、次期教育課程で大きな柱となるアクティブ・ラーニングの視点から授業の改善を図るもので、全国11の推進地域（県）に実践フィールド校（小・中・高校計27の実践フィールド校）を設け、その取組みを参考にして、教職員支援機構が実施する研究講座のプログラムを構成するものである。

このように、次期教育課程は、従前に増して、大きな教育施策の動きと連動している。そのような認識に立って、例えば、アクティブ・ラーニングと言語活動との関係等も考察していく必要がある。

2 言語能力の育成

言語能力あるいは国語力の育成については、学校教育では従来から重視してきている。次期教育課程においても、その流れを受けつつ、特に言語能力の育成は大きな柱とされている。

次期教育課程を検討していた中教審教育課程部会は、教育課程企画特別部会の「論点整理」（平成27年8月26日）の後、言語能力の向上に関す

る特別チームを設置して、総則・評価特別部会と連携しながら、「各教科等を通じた言語活動の充実」を検討した。

　言語能力の向上に関する特別チームの検討の成果は、中教審答申の中に「(言語能力の育成)」という小項目（第1部　第5章4．教科等を越えた全ての学習の基盤として育まれ活用される資質・能力）に記述されている。

　以下、同項の記述を、言語能力の育成の意義という視点から略記する。
① 　言葉は、学校で子供が行う学習活動を支える重要な役割。
② 　言語能力は、すべての教科等における資質・能力の育成や学習の基盤。
③ 　言語能力の向上は、学校における学びの質や教育課程全体における資質・能力の育成の在り方に関わる課題。
④ 　言語活動については、今後、すべての教科等の学習の基盤である言語能力を向上させる観点から、一層の充実を図ることが必要不可欠。
⑤ 　言葉を直接の学習対象とする国語教育及び外国語教育の果たすべき役割は極めて大。
⑥ 　国語教育及び外国語教育において、発達の段階に応じて育成を目指す資質・能力を明確にし、言語活動を通じた改善・充実を図ることが重要。
⑦ 　国語教育と外国語教育は、ともに言語能力の向上を目指すので、指導内容、指導方法等を相互に連携させて言語能力の効果的な育成につなげていくことが重要。
⑧ 　読書は、言語能力を向上させる重要な活動の一つ。各学校段階において読書活動の充実を図っていくことが必要。
⑨ 　国語教育の改善・充実。例えば、読解力の向上は喫緊の課題であることを踏まえ、読解力を支える語彙力の強化、コンピュータを活用した指導の改善など。

第5章
新教育課程の軸となる言語能力の育成と言語活動の充実

　そのうえで、「言語能力を構成する資質・能力」(別紙2-1)、「言語能力を構成する資質・能力が働く過程」(別紙2-2)、「小学校における国語科と外国語活動・外国語科の連携の例について(イメージ)(別紙2-3)」の3種の資料を示している。これらは、答申本文における、上記のような認識を具体化したもので、言語能力の育成の指導に実際に取り組む場合の具体的な手掛かりとなる。

　中でも、別紙2-3は、上記の⑤、⑥及び⑦を受けて、「小学校段階の指導内容の一部を言葉の特徴やきまりに関する項目の観点から整理したもの」で、現行の国語科と、改訂される外国語活動・新設される外国語科とを対照して、指導内容や指導方法等を連携するイメージ図が示されている。このイメージ図は、国語科の立場から見ると、母語としての国語の教育の成果を外国語教育にどのように生かすかという視点が具体的にイメージできるので、国語科の指導の改善にもつながる。

　国語科の改善については、⑨にもあるように、読解力の向上、それを支える語彙力の強化の視点が重要である。読解力の向上については、2000年以降のOECD/PISA調査の読解力についての我が国の課題とも重なっている。その線上に、語彙力の強化の課題もある。PISA2015の結果は改めて、読解力の向上が大きな課題であることを示した。さらにいえば、同じく⑨にあるように、これからの読解力向上の課題は、PISAの調査方法との関連もあり、コンピュータを活用した指導の改善が必須である。

　以上のことから考えると、これからの言語能力の育成には、読解力、語彙力、ICT等が不可欠の要素であることが確認できる。

　また、次期教育課程は、「見方・考え方」を重視することを一つの特長としている。答申では、「見方・考え方」とは「各教科等の特質に応じた物事を捉える見方や考え方」であるとしている。

　特に、国語科では、教科目標の冒頭に、「言葉による見方・考え方を

働かせ、言語活動を通して」とあって、国語科が言語の教育であることを従前以上に際立たせているうえに、教科の特質として、言語能力を通して物事をとらえる視点や考え方を機能させることを強調している。このように、国語科は、言語能力を通して物事に対する認識を広げ深めていくことを教科の性格として明確に位置付けている。

③ 言語活動の意義、教科間の相互関連

　言語能力の育成、言語活動の充実は、ともに、すべての教科等で取り組むべき事柄である。とはいえ、その中心は国語科が担っていく必要がある。したがって、国語科における言語能力の育成、言語活動の充実が次期教育課程においても強く求められることになる。

　言語能力は、前述のとおり、各教科等の学習の基盤となるものであり、言語能力の向上を図るためにも、言語活動は今後も充実させていくことが重要である。いうまでもなく、言語活動の充実は、今次教育課程の中核的なポイントであり、全国の教師の真摯な取組みにより、大きな成果があがっている。次期教育課程においても引き続き言語活動の充実を図っていくことは、言語能力の育成のみならず、広く、各教科等の指導の充実にも欠かせないことである。

　今後、言語能力の育成とそれを支える言語活動の充実を考える場合、次に示すような言語活動の本質に即して取り組む必要がある[2]。

① 言語活動は、授業等における学習活動として位置付けられること。
② 言語活動は、授業において指導目標実現のための手立てとして位置付けられる。その設定は、専門家である教師が責任をもって行うこと。
③ したがって、言語活動自体は、学習評価の対象とはならないこと

第5章
新教育課程の軸となる言語能力の育成と言語活動の充実

（目標に準拠した評価の考え方から）。

④ 授業で取り入れる言語活動は基本的には当該学年以前において既に学習済みであること（まったく新規の言語活動を組み入れない）。

言語活動は各教科等の授業の中でも従前から行われてきている。したがって、言語活動の充実は、国語科以外の教科等では新たに開発すべき課題であるとの認識は不要である。とはいえ、各教科等では、通常行ってきている言語活動を洗い出し、それが、指導目標の実現のために指導上効果的であるのかどうかなど点検する必要は確実にある。そのうえでの言語活動の充実であり、言語能力の育成である。

言語活動とは、基本的に言語を用いて学習することである。その言語には、単語レベルから、語句・語彙レベル、表現（文・文章）レベルまである。単語レベルには、各教科等で用いられる学習用語がある。

例えば、算数・数学科の学習指導要領の中に、「直線」「以上」「並行」等の〔用語・記号〕の項があるのは、算数・数学科における学習用語の理解とその活用の重要性を物語っている。

また、理科にも、「観察する」「実験する」のような重要な学習用語がある。これらのほか、理科は、よく用いられる用語に「一定」がある。大橋秀雄氏によれば、中学校理科の教科書の使用例80例を分析したところ、この「一定」という用語には、4通りの意味があるという（「唯一のきまった値という意味」「それぞれきまった2以上の値という意味」「1つの任意の値という意味」「ある状態が続くという意味」）[3]。理科という、定義が明確なはずの自然科学の分野で、特定の用語が複数の意味で用いられていることはある意味衝撃的である。理科の学習において、「一定」という用語を用いて言語活動を行うということは、4通りの意味を使い分ける言語能力を身に付けているということである。

言語能力の基盤を担う国語科としては、各教科等における言語活動、例えば理科における、上のような場合も含め対応する必要がある。教科

間の関連は、それぞれの教科等における言語活動の実態に即して、互いに理解し合いながら図っていくことが重要であることがわかる。

これからの言語活動の実践課題
――アクティブ・ラーニングの視点――

　今後、アクティブ・ラーニングの視点に立って授業を改善していく場合、言語活動の充実との関係を整理しておく必要がある。
　アクティブ・ラーニングは、いうまでもなく、授業における学習の在り方、学習方法等に関する用語である。平たくいえば、学習の在り方がアクティブであることを条件としている。
　この用語は、中教審への文部科学大臣の諮問（平成26年11月20日）において、既に、「課題の発見と解決に向けて主体的・協働的に学ぶ学習（いわゆる『アクティブ・ラーニング』）」といった表現で、一応の概念を伴って提出されていた用語である。2か年以上の経緯を経て、答申では、アクティブ・ラーニングを「子供たちの『主体的・対話的で深い学び』を実現するために共有すべき授業改善の視点として、その位置付けを明確にすることにした」としている[4]。
　アクティブ・ラーニングは言語活動といかに関わるのか。
　学校は、児童生徒を対象に、様々な教育活動を展開している。その教育活動は、教育課程内の教育活動と教育課程外の教育活動とから構成される。このうち、特に教育課程内の教育活動についてはその基準が学習指導要領等に示されていて、全国の学校はその基準に基づきつつ、各学校の特色を生かして教育活動を展開している。
　そのように展開される教育活動の中で、児童生徒は、各教科等の授業を通して様々な学習活動を展開している。言語活動もその重要な柱であ

第5章
新教育課程の軸となる言語能力の育成と言語活動の充実

るが、そのほかにも、各教科等においてその教科等ならではの学習活動がある。例えば、算数・数学科における「式を立てる」「計算する」「グラフを書く」「証明する」などの学習活動や、理科における、先に述べた「観察する」「実験する」などの学習活動である。それらの学習活動の在り方がアクティブ（能動的、主体的）であるべしというのが次期教育課程の眼目となっているということである。

このアクティブであることの状況は、答申にあるように、「主体的・対話的で深い学び」の実現ということになる。答申では、学びの質を確保することの重要性が強調されていて、その学びの質の確保のために「主体的・対話的で深い学び」が掲げられ、それを実現するための視点として、アクティブ・ラーニングが位置付けられている。

このような記述の意味を考慮しつつ、学習活動がアクティブであるということについて今一つ考えると、それは、目標に準拠した評価との関係でいえば、アクティブ・ラーニングが成立する度合いは、その学習活動がいかに目標の実現に機能しているかによる[5]。言い換えれば、「主体的・対話的で深い学び」の質は目標設定とも密接に関連しているということである。ここで、質の高い学びの成立のためには、目標と学習活動とのマッチングをいかに図るかが、指導計画作成上のポイントとして立ち上がってくる。したがって、言語活動始め様々な学習活動と指導目標との関連性をアクティブ・ラーニングの視点からとらえ直すことが次期教育課程の趣旨・内容等の理解と併せて重要である。

また、言語活動には、従来から、その意義と効果を肯定する立場の一方で、手間や時数がかかり過ぎるとの否定的な考え方もある。このうち、否定的な立場については、児童生徒の「主体的・対話的で深い学び」を保障する立場といえるかどうか。

児童生徒の学習は、どの教科等であれ、学年を積み重ねる中で慣れ、かつ広がり深化していくものである。その過程で、言語活動は、多少の

バリエーションを加えることも含めて、繰り返し取り組まれる。ということは、同じような言語活動であっても、慣れや技能向上等もあり、学年進行につれて手間や時数は総体的に減少していくことが考えられる。学習指導要領の言語活動例は、既に述べたとおり、当該言語活動を行う能力は既に基本的には身に付いているという前提で示してある。次期教育課程においても、このような考え方に立って、児童生徒の学習履歴・既習事項を尊重してその確認を確実に行っておくことが欠かせない。

言語活動充実等今までの成果を生かして次期教育課程へ

　1で述べたように、初等中等教育の次期教育課程は、大学における教員養成・採用・研修の在り方の検討、さらには、学校と地域社会との連携・協働等の大きな制度改変の進行と連動しつつ検討され、「開かれた教育課程」の展開を目指している。したがって、次期教育課程の趣旨・内容等の理解やそれに基づく実際の教育課程の編成・実施に当たっては、自らの学級のみ、学年のみ、学校のみを視野に入れるのではなく、自校を支える多様な人々、他学年や他地域、市町村や都道府県全体の中での位置付けを明確にすること、学校組織マネジメント、カリキュラム・マネジメント、「開かれた教育課程」の実現、地域学校協働活動等の推進等が実現されるよう、教職員の意識形成、地域住民等との連携体制等学校改善に総合的に力を尽くしていくことが切に期待される。

　それとともに、各学校に対しては、言語能力の育成、それを実現するための言語活動の充実についての、自校の今までの取組みの成果と課題を整理し、それを生かす視点に立つところから、新たな取組みを始めることをお勧めしたい。

第5章 新教育課程の軸となる言語能力の育成と言語活動の充実

【注】
1) 答申日はともに、平成27年12月21日
   答申①新しい時代の教育や地方創生の実現に向けた学校と地域の連携・協働の在り方と今後の推進方策について
   答申②チームとしての学校の在り方と今後の改善方策について
   答申③これからの学校教育を担う教員の資質能力の向上について
   　　　～学び合い、高め合う教員育成コミュニティの構築に向けて～
2) 拙稿「言語活動と語彙形成」(日本国語教育学会『月刊国語教育』№492、平成25年4月号) 参照。
3) 大橋秀雄『理科教育の変遷退官記念論文集』国立教育研究所、昭和55年10月10日
4) 第1部第7章 1.学びの質の向上に向けた取組
5) 拙稿「高等学校段階で育成を目指す資質・能力と『主体的・対話的で深い学び』の実現のポイント」(『教育科学国語教育』№809、平成29年5月号) に同様の趣旨を述べている。

【資料】
「次世代の学校・地域」創生プラン

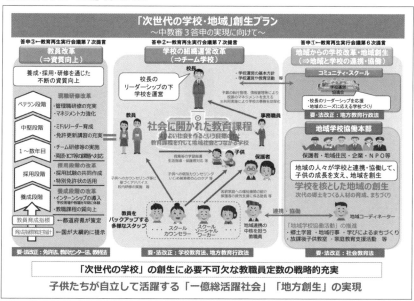

第6章
「考え、議論する道徳」指導と評価の工夫の追究

上越教育大学教授
林 泰成

道徳教育・道徳科のねらい

　現在、学校教育の目的は、知識伝達から資質・能力の開発へとシフトしつつある。道徳教育は知育領域とは違って、もとより資質や能力に関わっている。しかし、だからと言って、こうした動きと無縁なわけではない。道徳教科化の動きの中で、従来型の、心情を中心として道徳的価値を教える授業方法ばかりではなく、問題解決的な学習や道徳的行為に関する体験的な学習が取り入れられ、具体的な行動につながる能力の開発が求められるようになったのも、こうした動きと連動していると読み解くこともできる。

　学習指導要領によれば、「学校における道徳教育は、特別の教科である道徳を要として学校の教育活動全体を通じて行うもの」であり、いわば二重構造になっているので、ここではまず、学校の教育活動全体を通じての道徳教育と「特別の教科　道徳」（本章では以下「道徳科」と言う）のねらいを確認することから始めよう。

(1)　教育基本法と道徳教育のねらい

　2006年に改正された教育基本法の第1条には、「教育は、人格の完成を目指し、平和で民主的な国家及び社会の形成者として必要な資質を備えた心身ともに健康な国民の育成を期して行われなければならない」と、教育の目的が記されている。続く第2条では、その目的を達成するための目標が五つ記されているが、そこには、「豊かな情操と道徳心を培う」とか、「自主及び自律の精神を養う」とか、「正義と責任、男女の平等、自他の敬愛と協力を重んずる」とか、道徳的価値としてとらえることの

できる言葉が書き込まれている。

　こうした規定を受けて、2017年3月に示された小学校および中学校の学習指導要領の第1章総則の第1の2の(2)には、「道徳教育は、教育基本法及び学校教育法に定められた教育の根本精神に基づき、自己の生き方を考え、主体的な判断の下に行動し、自立した人間として他者と共によりよく生きるための基盤となる道徳性を養うことを目標とすること」と記されている。

　こうしたことから、道徳教育の目標は、教育の目的や目標の中核部分にあると言っても過言ではない。

(2) 道徳科のねらい

　以前の学習指導要領では、学校の教育活動全体を通じての道徳教育の目標は「道徳性」の涵養であり、道徳の時間の目標は「道徳的実践力」の育成とされ、言葉が使い分けられていた。しかし、そのことがかえって誤解を招くということで、新学習指導要領では、「道徳性」のみが使用されている。つまり、端的に言えば、教育活動全体を通じての道徳教育であれ、道徳科授業における道徳教育であれ、「道徳性」を養うことがねらいなのである。

　では、その道徳性の中身は何か。それは、学習指導要領の目標の文末に「道徳的な判断力、心情、実践意欲と態度を育てる」と記されていることから明らかなように、「道徳的な判断力、心情、実践意欲と態度」である。この部分は、以前には、「心情、判断力、実践意欲と態度」という順番で記されていたが、判断力が先に記されることになった。こうした点にも、「考え、議論する道徳」への転換が見て取れる。心情面で心を耕すばかりでなく、判断する能力を育成することが重視されている。

　また、目標について記されている部分には、学習方法への言及もあ

る。すなわち、「道徳的諸価値についての理解を基に、自己を見つめ、物事を多面的・多角的に考え、自己〔人間として〕の生き方についての考えを深める学習を通して」（〔　〕内は、中学校学習指導要領での表現）とある。道徳的価値を教えることや、自己〔人間として〕の生き方についての考えを深めることはこれまでと変わらないが、「物事を多面的・多角的に考え」ることは大きな変化である。これまでは、授業では、ある一つの見方が示されることが多かったわけだが、物事には多様な見方があるということが前提となったのである。きれいごとを語って終わる道徳授業ではなく、より現実に即した授業展開ができるようになったと言える。

では、その「考え、議論する」道徳科の授業展開は具体的にどのような形になるのだろうか。

2 「考え、議論する」道徳科の授業方法

2015年3月に道徳の教科化が確定して後、同年5月に、道徳教育の評価について検討を行うために、文科省内に、道徳教育に係る評価等の在り方に関する専門家会議が設置された。その専門家会議は、2016年7月に「『特別の教科　道徳』の指導方法・評価等について」という報告書を出している。その報告書の別紙1として「道徳科における質の高い多様な指導方法について（イメージ）」と題する資料が付けられている。

そこでは、「これらは多様な指導方法の一例であり、指導方法はこれらに限定されるものではない」と注意書きが付されて、三つの指導方法が掲載されている。「読み物教材の登場人物への自我関与が中心の学習」「問題解決的な学習」「道徳的行為に関する体験的な学習」の三つである。ここでは、省略して、「自我関与型」「問題解決型」「体験型」と表

記することにしたい。実は、こうした省略表現が問題だという指摘もある。あたかも文科省が三つの型を提示していて、他の授業形態を認めていないかのように誤解される恐れがあるからである。だからこそ、わざわざ先述のような注意書きが付けられているのであろう。ここではそうした誤解が生じないように注意しながら順に説明することとしよう。

(1) 自我関与型

このやり方は、「子供たちが読み物教材の登場人物に託して自らの考えや気持ちを素直に語る中で、道徳的価値の理解を図る指導方法として効果的」と記されている。従来行われてきた、登場人物の心情を理解しながら、道徳的価値を心に植え付ける指導方法は、この型に分類できる。しかし、他方で、このやり方は、望ましくないものとされている「登場人物の心情理解のみの指導」に陥る危険性がある。

この型は、「自我関与」という言葉が使われているが、じつは、自我関与が起こりにくい授業スタイルだと言えるかもしれない。本当にうまく心情に訴えることができれば、自分事としてとらえることができるはずだが、教材を物語の世界のことだと思ってしまえば、授業中の発言としては正しいことを言っても、実際の行動ではそのようなことはしないというような、本音と建前の使い分けのような状態に陥ってしまうのではないか。ここでは、この型が、使えないと言いたいわけではない。それぞれのやり方にはメリットもデメリットもあるということである。

(2) 問題解決型

このやり方の効果としては、「出会った道徳的な問題に対処しようとする資質・能力を養う指導方法として有効」「他者と対話や協働しつつ

問題解決する中で、新たな価値や考えを発見・創造する可能性」、また「問題の解決を求める探究の先に新たな『問い』が生まれるという問題解決的なプロセスに価値」と記されている。

　これまでも、学校現場では、モラルジレンマ授業やディベート的な授業など、議論しながら問題を解決しようとする授業は実践されていた。しかし、こうした実践を授業公開すると、批判されることが多かった。1時間に一つの道徳的価値を取り上げるとか、一人の登場人物の心情に焦点化するなどの、道徳の時間の特設以降確立されてきた授業実践のルールに反するからである。しかし、次期学習指導要領では、「問題解決的な学習」という言葉が書き込まれ、さらに「考え、議論する道徳」への転換ということが文科省によって示されている。そうした暗黙のルールへの呪縛から解き放たれて、自由闊達な議論をすることが認められている。

　しかし一方で、教科化後は、教科書が存在する。教科書には使用義務があるので、教科書に掲載された教材の質に、授業方法としての議論の質が左右されることになるだろう。問題解決の議論のための教材開発は、なかなか難しい。答えが見えてしまえば、議論は深まらないが、ジレンマ教材のような答えのない教材だと、議論は活発に行われても、最終的な問題解決にまでは至らない。もちろん、道徳的判断や理由付け、意見表明の訓練として、結論を示さずに終わるモラルジレンマ授業には大きな効果があると思うが、それを問題解決と言っていいのかどうかは意見の分かれるところであろう。しかし、多様な指導方法が認められているわけだから、モラルジレンマ授業も含めて、様々な議論スタイルを導入することが望ましい。

(3) 体験型

　この体験型で言うところの「体験的な学習」は、職場体験や自然体験など、教室を離れて行われているような体験活動とは異なる。これは、道徳科の授業における指導方法として提案されているのであり、ねらいとして「役割演技などの疑似体験的な表現活動を通して、道徳的価値の理解を深め、様々な課題や問題を主体的に解決するために必要な資質・能力を養う」と報告書にも記されている。したがって、役割演技やスキルトレーニングなどを通して授業を展開していくということである。しかし、これは、スキルトレーニングだけを行えばよいということではない。学習指導要領には、「指導のねらいに即して、問題解決的な学習、道徳的行為に関する体験的な学習等を適切に取り入れるなど、指導方法を工夫すること」と記されており、指導のねらいに即していなければならない。

　では、その「指導のねらい」とは何か。それは、道徳的価値の理解を深めることである。道徳的価値を教えるという点は、これまでの道徳の時間でも、今後の道徳科でも変わらない。モラルスキルトレーニングのように、最初から道徳的価値を教える形で考案されているスキルトレーニングもある。この型においても、様々な工夫が可能である。

　効果としては、「心情と行為とをすり合わせることにより、無意識の行為を意識化することができ、様々な課題や問題を主体的に解決するために必要な資質・能力を養う指導方法として有効」「体験的な学習を通して、取り得る行為を考え選択させることで内面も強化していくことが可能」と記されている。

　しかし、この報告書では、「主題やねらいの設定が不十分な単なる生活経験の話し合い」が望ましくない指導法として言及されている。体験的な学習が認められているからといって、生活体験の話し合いにならな

いように注意しなければならない。

道徳教育の全体計画と道徳科の指導計画

(1) 道徳教育の全体計画と道徳科の指導計画

いわば道徳教育の全体的な見取り図として、これまでと同様に、道徳教育の全体計画と道徳科の年間指導計画を作ることが、新しい学習指導要領でも定められている。

全体計画についての記述は、大幅に「第1章　総則」の方に移され、そのことに伴って、全体計画に付すことが望ましいとされていた「別葉」についても、2015年に学習指導要領が一部改正されたのに伴って同年7月に出された「小学校学習指導要領解説　特別の教科　道徳編」からは消えたが、しかし、同時期の「小学校学習指導要領解説　総則編」に、次のように移行記載されている。「例えば、各教科等における道徳教育に関わる指導の内容及び時期を整理したもの、道徳教育に関わる体験的な活動や実践活動の時期等が一覧できるもの、道徳教育の推進体制や家庭や地域社会等との連携のための活動等がわかるものを別葉にして加えるなどして、年間を通して具体的に活用しやすいものとすることが考えられる」。中学校版も同様である。

指導計画としては、小学校学習指導要領では、「各学校においては、道徳教育の全体計画に基づき、各教科、外国語活動、総合的な学習の時間及び特別活動との関連を考慮しながら、道徳科の年間指導計画を作成するものとする」と記されている。中学校版にも同趣旨の記載がある。

(2) カリキュラム・マネジメント

　上記のことは、カリキュラム・マネジメントの観点からも重要である。道徳教育の全体計画や道徳科の年間指導計画を工夫することが、カリキュラム・マネジメントに取り組むための手掛かりとなるからである。

　ここに言うカリキュラム・マネジメントとは、2016年12月に出された中央教育審議会答申に記されたカリキュラム・マネジメントの三つの側面の一つ「各教科等の教育内容を相互の関係で捉え、学校教育目標を踏まえた教科等横断的な視点で、その目標の達成に必要な教育の内容を組織的に配列していくこと」を意味している。

　道徳教育は、学校の教育活動全体を通した道徳教育と、道徳科授業における道徳教育の二重構造になっており、さらに、各教科においても、それぞれの教科の「特質に応じて適切な指導をすること」と学習指導要領に記載されている。したがって、道徳の全体計画と年間指導計画を丁寧に作り上げることは、必然的に教科等を横断するカリキュラムの構築になる。道徳教育を中心にカリキュラム・マネジメントに取り組むというのが、全校的なカリキュラム・マネジメントをスタートさせるのに一番スムーズなやり方ではないだろうか。

❹ 道徳科の評価の工夫

　先に言及した専門家会議の報告書において道徳科の評価について方向性が定められている。それによれば、評価方法としては、「記述式」であり、「個々の内容項目ごとではなく、大くくりなまとまりを踏まえた評価」であり、「励ます個人内評価」であることが求められている。また、「多面的・多角的な見方へと発展しているか、道徳的価値の理解を

自分自身との関わりの中で深めているかといった点を重視すること」が謳われている。さらに、他教科・他領域とは異なり、「観点別評価（学習状況を分析的に捉える）を通じて見取ろうとすることは、児童生徒の人格そのものに働きかけ、道徳性を養うことを目的とする道徳科の評価としては、妥当ではないこと」とされている。

　具体的には、総合的な学習の時間に行われているようなポートフォリオ評価や、スピーチやプレゼンテーションなどを行わせて評価するパフォーマンス評価、児童生徒のエピソードを集めて評価するエピソード評価などが考えられる。

❺ 授業研究・教材研究・評価研究の進め方

　今回の道徳の「特別の教科」化は、従来の縛りを大幅に緩和することになったと言える。授業では、ある結論へと導くのではなく、多面的・多角的な見方が許容されることになった。道徳的価値と記されていたものが道徳的諸価値と表現されるようになり、価値と価値がぶつかり合うこともありうるということを教えることが可能になった。大きな縛りとしては、道徳的価値の理解を深めること、教科書を使わなければならないことがあるが、授業方法としてはずいぶんと新しいことに取り組むことが可能になった。すでに、教科化への移行期間に入って、各学校の研究会等で公開される授業については、今までになかったものが多く見受けられる。今後は、授業研究がさらに盛んになっていくことだろう。

　教材研究という点では、これまでは教科書が存在していなかったので、自由な教材の開発が可能であった。この点は大きく縛られることになったと言えるかもしれない。しかし、考えようによっては、これまで自由に作成されてきた教材も、今後は、すぐれたものは教科書検定を受

けてオーソライズされる。そうした視点で教材開発が進められるとよい。

　評価は、厳密に、公平に、明示的に行わなければならない。したがって、ポートフォリオ評価のようなものでも、スタンダードやルーブリックと呼ばれる評価基準が必要になる。しかし、道徳のような資質に関わるものを、そうした基準を示して評価できるのかという意見もある。エピソードを集積するという評価では、そうした基準は難しいと考えられるから、教師の主観的な見取りに頼らざるをえないが、そうした場合でも、複数の教師によって確認するなど共同主観的な作業は必要だろう。

　評価については、専門家会議で方向性が示されたとはいえ、具体的にどのようにするかという点では不明な点も多い。今後、学校現場で試行錯誤しつつ、有効な手段を構築していかなければならない。実践の場からの提案が待たれるところである。

【参考文献】
- 中央教育審議会「幼稚園、小学校、中学校、高等学校及び特別支援学校の学習指導要領等の改善及び必要な方策等について（答申）」2016年
- 道徳教育に係る評価等の在り方に関する専門家会議「『特別の教科　道徳』の指導方法・評価等について（報告）」2016年
- 林泰成『モラルスキルトレーニング　スタートブック』明治図書出版、2013年
- 林泰成「『考え、議論する道徳』の可能性と課題」日本道徳教育学会『道徳と教育』第335号、2017年
- 林泰成、渡邉真魚「道徳科の評価方法としてのエピソード評価」『上越教育大学研究紀要』第36巻2号、2017年
- 文部科学省「学習指導要領解説　特別の教科　道徳編」2015年
- 文部科学省「学習指導要領解説　総則編」2015年
- 文部科学省「小学校学習指導要領」（平成29年3月公示）、2017年
- 文部科学省「中学校学習指導要領」（平成29年3月公示）、2017年
- 田村学編著『カリキュラム・マネジメント入門』東洋館出版社、2017年

第7章
9年間を見通した
外国語活動・外国語科
── カリキュラムと学習活動の工夫の追究 ──

大阪樟蔭女子大学教授
菅 正隆

2011年度から実施されている小学校高学年での「外国語活動」は、2020年度から、小学校中学年で同様の「外国語活動」が実施され、高学年では教科としての「外国語」が実施されることになった。これは、私が文部科学省教科調査官時代の2008年当時、高学年に外国語活動を導入するに当たって、（今回の）次期学習指導要領改訂をも視野に入れたシミュレーションをしており、特段驚くべきことでもなく、既定路線の踏襲と考えられる。ただし、内容においては、中学校も含め、かなり飛躍した部分があり、注意の必要がある。

　そこで、今回、次期学習指導要領及び中央教育審議会「答申」から、これからの外国語教育をどのように考え、どのように実施していくべきかを述べていきたい。

　特に、表題としている「9年間～」の文言は、小学校1年生から中学校3年生までをも視野に入れているという意味である。学習指導要領上では小学校1、2年生に関しては規定されてはいないが、全国の小学校を見ると、多くの地域でさまざまな工夫がなされ、第1学年から実施されている場合が多い。そこで、2020年度以降は、第1、2学年では、中学年の外国語活動を参考に実施し、第3学年からの外国語活動が効果的かつ緩やかに開始できるよう、4年間で次期学習指導要領の外国語活動の部分を確実に習得させておきたい。

　では、実際に小学校外国語活動、小学校外国語、そして、中学校の外国語はどのように考え、どのように実施していくべきであろうか、論を進めていく。

第7章
9年間を見通した外国語活動・外国語科——カリキュラムと学習活動の工夫の追究——

 外国語活動・外国語科で育む資質・能力について

(1) 育むべき資質・能力とは

　次期学習指導要領では、小学校外国語活動、小学校外国語、中学校外国語において、それぞれ子供たちに育成すべき資質・能力が明確に提示されている。これらは、学習指導要領を見ると一目瞭然であるが、しかし、これらをよくよく見ると、今後の評価基準となる「知識・技能」「思考・判断・表現」「主体的に学習に取り組む態度」の3つに分けられていることが分かる。そこで、校種別に資質・能力全般を見るのではなく、3つの観点ごとに注目して、それぞれの観点をどのように連続して育成していかなければならないのかを具体的に見ていくことにする。

　まずは、「知識・技能」面である。

[知識・技能]

> **小学校外国語活動：**
> 　外国語を通して、言語や文化について体験的に理解を深め、日本語と外国語との音声の違い等に気付くとともに、外国語の音声や基本的な表現に慣れ親しむようにする。

> **小学校外国語：**
> 　外国語の音声や文字、語彙、表現、文構造、言語の働きなどについて、日本語と外国語との違いに気付き、これらの知識を理解するとともに、読むこと、書くことに慣れ親しみ、聞くこと、読むこと、話すこと、書くことによる実際のコミュニケーションにおいて活用できる基礎的な技能を身に付けるようにする。

> **中学校外国語：**
> 　外国語の音声や語彙、表現、文法、言語の働きなどを理解するとともに、これらの知識を、聞くこと、読むこと、話すこと、書くことによる実際のコミュニケーションにおいて活用できる技能を身に付けるようにする。

以上からわかることは、小学校外国語活動においては、現行学習指導要領の外国語活動の目的とほぼ同じであり、特段注意することはない。
　一方、小学校外国語においては、「知識を理解する」「実際のコミュニケーションにおいて活用できる基礎的な技能を身に付ける」の文言が目を引く。つまり、英語の音声や文字、英単語や英文、文の型などについては、知識として理解させなければならないということである。そして、実際にコミュニケーションを図る場面を多く設定し、理解した知識を活用しながら基礎的な英文を読んだり書いたり、基礎的な会話やスピーチなどができる技能を身に付けさせるということである。技能は腕前、技術、テクニックの意味で、一朝一夕にできることではない。相当な修練鍛錬が要求される。
　また、中学校外国語では、小学校外国語にあった「文字」「文構造」が姿を消している。これらから、アルファベットの文字は小学校で完全に習得させておくことが求められ、文構造については、文法として系統立てて学ぶこととされる。そして、小学校での知識・技能をさらに向上させるために、小学校の「実際のコミュニケーションにおいて活用できる基礎的な技能」の文言から「基礎的な」の語が削除されている。これは、実際のコミュニケーションの場面で、普通に英語をツールとして使えるようにすることが求められている。これも、従来の授業ではなかなか達成できなかった高いハードルであることがわかる。
　次に、「思考・判断・表現」である。

第7章
9年間を見通した外国語活動・外国語科――カリキュラムと学習活動の工夫の追究――

[思考・判断・表現]

小学校外国語活動：
　身近で簡単な事柄について、外国語で聞いたり話したりして自分の考えや気持ちなどを伝え合う力の素地を養う。

小学校外国語：
　コミュニケーションを行う目的や場面、状況などに応じて、身近で簡単な事柄について、聞いたり話したりするとともに、音声で十分に慣れ親しんだ外国語の語彙や基本的な表現を推測しながら読んだり、語順を意識しながら書いたりして、自分の考えや気持ちなどを伝え合うことができる基礎的な力を養う。

中学校外国語：
　コミュニケーションを行う目的や場面、状況などに応じて、日常的な話題や社会的な話題について、外国語で簡単な情報や考えなどを理解したり、これらを活用して表現したり伝え合ったりすることができる力を養う。

　まず、小学校中学年の外国語活動では「伝え合う力の素地」の文言があり、この「素地」は、現学習指導要領作成時に生み出したキーワードである。意味は、コミュニケーションを実際に図ろうとする（言葉を発する）前の心の動き（心の葛藤）のことである。どう話そうか、どの言葉を使おうかなど考えるはずである。また、恥ずかしがって話そうとしない子供、尻込みしている子供、小さな声でしか話せない子供など、対人関係や自尊感情等が複雑に入り組んでコミュニケーションが図れない子供は多くいるはずである。それを打破して、誰とでも状況や場所をわきまえて積極的にコミュニケーションを図ろうとする（自分の考えや意見、情報などを伝えること）子供を生み出そうとして考えついたものである。また、「素地」の言葉の前にある「伝え合う力」とは、実際に言葉を使って相手の話を的確に理解したり、自分の考えや気持ちを的確に伝えたりすることができる能力のことである。

一方、中学校では、「日常的な話題や社会的な話題」とあり、従来、中学校では生活の身近な暮らしに関わる場面での会話や日常生活でよく出くわす場面での会話等が指導内容であったが、今回は、それを越えた社会的な話題の内容を取り扱うことになる。例えば、ニュース性のある社会問題や時事問題なども考えられ、それらを話題として、スピーチやディスカッション、ディベートなども行わなければならないことになる。これは、相当なハードルの高さなので、教員の指導力を向上させることが急務である。

　次に主体的に学習に取り組む態度である。

[主体的に学習に取り組む態度]

小学校外国語活動：
　外国語を通して、言語やその背景にある文化に対する理解を深め、相手に配慮しながら、主体的に外国語を用いてコミュニケーションを図ろうとする態度を養う。

小学校外国語：
　外国語の背景にある文化に対する理解を深め、他者に配慮しながら、主体的に外国語を用いてコミュニケーションを図ろうとする態度を養う。

中学校外国語：
　外国語の背景にある文化に対する理解を深め、聞き手、読み手、話し手、書き手に配慮しながら、主体的に外国語を用いてコミュニケーションを図ろうとする態度を養う。

　主体的に学習に取り組む態度とは、現行の関心・意欲・態度とも取れるが、しかし、ここでは、言葉のもつ意味や、言葉や文化の背景（バックグラウンド）を理解しながら、児童生徒が自ら進んで積極的にコミュニケーションを図ろうとするように育てるということである。

(2) 育成すべき力

では、小学校外国語活動、小学校外国語、中学校外国語のそれぞれで資質・能力が育成されれば、統合的にどのような力が身に付くと考えられているのであろうか。

いわゆる資質・能力を育成できたとすると、小学校中学年でコミュニケーションを図る素地が身に付き、高学年ではその素地を活用しながらコミュニケーションを図る基礎が身に付き、その後、中学校3年間で、実際にコミュニケーションを図る能力が身に付いているということである。流れとしては至極当たり前な感じはするが、それらを実現するには並大抵のことではない。まさに茨の道である。しかし、それらを確実に身に付けるには、教員の指導力向上はもとより、学校、校長及び教頭等の管理職、教育委員会が一体となって、進化発展しなければならない。

外国語活動・外国語科の時間確保とカリキュラムについて

次期学習指導要領では、小学校外国語活動、小学校外国語において、授業時数（中学年で1時間、高学年では新たに増加する1時間）を確保できなかったことは大きな課題である。この課題をどう解決するかは、各学校、各教育委員会に委ねられている。そこで、この時間の取扱いとしては、3点考えられる。

① 短時間学習（モジュール）
② 夏休み短縮で授業時間確保
③ 土曜日を授業日にする

ここで、多くの小学校は短時間学習（モジュール）を取り入れること

になる。夏休みを短縮するには、冷房などの設備の課題を解決しなければならず、教育委員会等の考え方が基本となる。また、土曜日を授業日にするには、市町村の首長の考え方にもよるので、難しい面がある。短時間学習の時間配分（均等に分ける場合）は以下が考えられる。
① 15分を週3回実施
② 週に22分と23分の2回実施
③ 毎日9分実施（週5回）

次に、この短時間学習を外国語の授業だけで活用するのか、他の教科で短時間学習を取り入れるのかである。外国語だけで短時間学習を行う場合には、例えば、高学年の15分×3回の授業では、基礎的な語彙や表現などの基礎・基本の練習に充て、残り1コマ45分授業では、基礎・基本を活用するアウトプットの集大成の時間とする。一方、外国語にとらわれずに他教科で短時間学習を行うには、算数の計算ドリルや国語の書き取りの練習、図画工作では絵を描くまでの準備時間を15分の短時間学習に充て、45分で絵を完成させるなど、様々なことが考えられる。次期学習指導要領の移行期間（先行実施）、またはそれ以前に、しっかりと計画を練る必要がある。

カリキュラムについては、小学校では低学年からの6年間または中学年からの4年間、中学校区内では小中を含め小学校低学年からの9年間、中学年からの7年間などについて、連携や一貫したカリキュラム（指導の流れ、内容や到達目標）を構築していくことである。その際、必ず、最終学年（例えば中学校3年生）の到達目標から順次下の学年のカリキュラムを考えるバックワード・デザインで作成していくことである。例えば、仮に小学校のスタート時点から作成すると、最終段階で目標が肥大化して、実状と合わない理想のカリキュラムができあがる可能性があり、注意が必要である。

学習内容の改訂に伴う授業づくりの方策について

　次期学習指導要領では、指導の在り方が大きく変わる。いわゆる主体的・対話的で深い学び（アクティブ・ラーニング）である。
　日本の英語教育においては、従来、英語教員は生徒の前で一方的に文法を説明したり、英文を訳したりするなど、まさに生徒にとっては知識を定着させるだけの授業、受け身的な授業（知識偏重型、担任主導型）が行われてきた。その結果、生徒の英語能力は向上していないことがわかっている。そこで、児童生徒が主体的に授業に参加し、自ら課題に気付き、流れや見通しを考えながら、根気強く物事に取り組み、何度も振り返りながら、課題解決できるような学びが授業の中に仕込まれていることが求められる。いわゆる児童生徒主導型の授業である。英語教育であれば、基礎基本をしっかりと定着させたうえで、その基礎基本をさまざまなコミュニケーション活動や言語活動を通して活用できるように育て上げるのである。常に児童生徒目線に立って、児童が主体的に活躍する場を与え、思考する場面、判断する場面、表現する場面を戦略的に組み合わせるのである。従来は教員が行っていた役割を、児童に振り分けたり、「何ができるようになるのか」「どのように学びたいのか」などを常に児童生徒に投げかけたりしながら、主体的に授業に参加させることで、多くのことに気付かせ、さまざまな体験をさせることができる。これが、思考力や自己管理力、そしてリーダーシップにもつながる。
　しかし、一部では、このアクティブ・ラーニングはペア活動やグループ活動であるかのような誤解がある。確かにペア活動やグループ活動を通して育て上げる部分はあるが、そのためには、児童生徒一人一人が活躍する場を構築しなければならない。そして、グループ活動では、当初

からグループ活動の仕方、役割分担について理解させなければならない。特に、ファシリテーター（司会）的な役割の重要性を理解させ、誰でも役割をこなせるように体験させていくことも大切である。また、誰もが参加できるように、役割を振り分けるように考えることも必要である。たとえ学力的に課題のある児童生徒がグループの発表者となっても、みんなで支える状況を作り出せるように、学級経営も考えていきたい。

これからの外国語活動・外国語科における校内研修の在り方について

　小学校の外国語活動・外国語では管理職の先生方のリーダーシップが大きく成否に関わってくる。外国語活動は領域であり、授業時間も確保されていないことを理由に軽視する向きもあろう。しかし、ここで、学習指導要領に記載されている目標を達成できなかったとすれば、高学年での教科「外国語」に多大な障害をもたらすことになる。それは、学習指導要領上も、テキストの上からも強い連続性がもたれているからである。もし、外国語活動を軽視し、十分に時間を確保できずに授業を行わなかった場合、子供たちは高学年の入口でつまずくことになる。そうさせないためにも、管理職の先生方はしっかりと検討し、旗振り役を演じることが求められる。そのうえで、校内研修を実施することである。研修内容は以下のものが考えられる。

① 学習指導要領についての学習（理念や考え方、目標などの周知徹底）
② 指導力向上のための研修（授業の円滑な実施のための実践的な研修）
③ 英語力向上のための研修（教員の英語力を向上させるための研修）
④ ティーム・ティーチングの効果的な指導の在り方の研修
⑤ 評価の在り方の研修（評価の考え方、評価方法などの研修）

これらの研修を校内で立案、実施することが重要である。

指導者の資質能力向上や指導体制の充実のための学校・教育委員会の役割について

　一般に、中高等学校の英語教員に求められる資質能力は、「英語指導力」と「英語運用能力」である。これは、今後、小学校の教員にも求められることになる。「英語指導力」は前述の研修等で向上させることができるが、「英語運用能力」はそう簡単なものではない。研修や英語学校に通ったとしてもなかなか向上は図れない。最も大切なことは、自分自身が意識して努力できるかどうかである。そのために学校や教育委員会では以下のような支援をする必要がある。

①　校内等でネイティブ・スピーカーによる会話練習等の機会を設ける。
②　資格試験（TOEIC、TOEFL、英検等）の金銭的な補助を行う。
③　校内または外部で悉皆研修などの英語運用能力向上を目的にした研修を企画・実施する。
④　公開授業や研究授業で、可能な限り英語（クラスルーム・イングリッシュ）で授業を進めることを推奨し、指導を図る。
⑤　英語運用能力向上のためのCDや書籍を配付したり、海外研修を企画・実施したりする。

などが考えられる。少しでも英語を使う環境を整備してあげることが重要である。ただし、一気に高みを目指すのではなく、一歩一歩、気持ちよく努力できるように周りの雰囲気にも気を使っていきたいものである。
　ともあれ、2020年度からの本格実施まで、焦らず、じっくりと、協力して指導力と英語力を一歩一歩向上させていくことである。

第8章
「資質・能力」の育成を見取る評価方法の追究

京都大学大学院教授
西岡加名恵

評価をカリキュラム・マネジメントに活かす

　2016年12月、学習指導要領改訂に向けた方向性を示す中央教育審議会答申（以下、「中教審答申」と記す）が公表された。中教審答申では、学習評価を、「子供の学びの評価にとどまらず、『カリキュラム・マネジメント』の中で、教育課程や学習・指導方法の評価と結び付け、子供たちの学びに関わる学習評価の改善を、更に教育課程や学習・指導の改善に発展・展開させ、授業改善及び組織運営の改善に向けた学校教育全体のサイクルに位置付けていくことが必要である」と述べられている。
　2017年3月に告示された小・中学校の新学習指導要領においても、「カリキュラム・マネジメント」の一環として、「教育課程の実施状況を評価してその改善を図っていくこと」が重視されている。また、「創意工夫の中で学習評価の妥当性や信頼性が高められるよう、組織的かつ計画的な取組を推進するとともに、学年や学校段階を越えて児童／生徒の成果が円滑に接続されるように工夫すること」が求められている。
　学習評価をカリキュラム・マネジメントに的確に位置付けるためには、学習評価の改善をどのように図ることが求められるのかについての見通しをもつとともに、その見通しを実現するための教員研修を実施することが必要となる。そこで本章では、学習評価の改善をどう図ることが有効なのかを検討するとともに、そのための研修の進め方についても考えてみよう[1]。

「何が身に付いたか」をとらえる評価方法

　従来、教育課程は、「何を教えるのか」という視点から考えられがちであった。それに対し、新学習指導要領では、教えた結果として子供たちに「何が身に付いたか」を重視する方針が示されている。中教審答申では、教育課程の改善のために、学習評価等を通じて「何が身に付いたか」を見取ることが重要だと強調されている。

　学習評価の充実を図るうえでは、目標に対応させて適切な評価方法を選ぶことが有効である。中教審答申では、「資質・能力のバランスのとれた学習評価を行っていくためには、指導と評価の一体化を図る中で、論述やレポートの作成、発表、グループでの話合い、作品の制作等といった多様な活動に取り組ませるパフォーマンス評価などを取り入れ、ペーパーテストの結果にとどまらない、多面的・多角的な評価を行っていくことが必要である」とされている。

　図1には、現在までに登場している様々な評価方法を分類している。ここでは、評価方法を単純なものから複雑なものへと並べるとともに、左側に「筆記による評価」、右側に「実演による評価」を示すという形で整理している。

　「筆記による評価」で最も単純なものが、「選択回答式（客観テスト式）の問題」である。「筆記による評価」でやや複雑なものは、自由記述式の問題である。さらに複雑になると、レポートやリーフレットなど、まとまった作品を求める課題となる。これを、パフォーマンス課題という。パフォーマンス課題とは、様々な知識やスキルを総合して使いこなすことを求めるような複雑な課題を意味する。

　パフォーマンス課題には、実演を求めるものもある。例えば、プレゼ

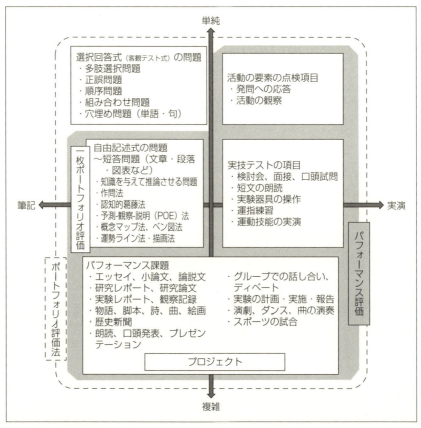

図1　様々な評価方法[2]

ンテーションや一連のプロセスの実演を求める課題などが考えられるだろう。「実演による評価」のうち、より単純なものは実技テストである。理科の実験を例にとると、実験器具を正しく操作することを求めるのが実技テスト、一連の実験を計画・実施・報告することを求めるのがパフォーマンス課題といえよう。さらに単純になると、発問への応答を確認したり、チェックリストに沿って活動の諸要素を点検したりといった評価方法が考えられる。

第8章 「資質・能力」の育成を見取る評価方法の追究

　パフォーマンス評価とは、知識やスキルを状況において使いこなすことを求めるような評価方法の総称である。「客観テスト」で測れる学力は限定的なものであるという批判を基盤として登場した用語であるため、図1では「客観テスト」以外の評価方法をすべて含むものとして示している。

　中教審答申ではまた、「総括的な評価のみならず、一人一人の学びの多様性に応じて、学習の過程における形成的な評価を行い、子供たちの資質・能力がどのように伸びているかを、例えば、日々の記録やポートフォリオなどを通じて、子供たち自身が把握できるようにしていくことも考えられる」とも述べられている。ポートフォリオとは、子供の作品や自己評価の記録、教師の指導と評価の記録などをファイルや箱などに系統的に蓄積していくものを意味している。ポートフォリオ評価法とは、ポートフォリオ作りを通して、子供が自らの学習の在り方について自己評価することをうながすとともに、教師も子供の学習活動と自らの教育活動を評価するアプローチである。

　ポートフォリオ評価法は、子供たちの長期的な成長をとらえるのに最適である。「総合的な学習の時間」などの探究的な学習において多く用いられているが、今後は教科教育やキャリア教育でも活用することで、「児童／生徒のよい点や進歩の状況などを積極的に評価し、学習したことの意義や価値を実感できるようにすること」、ならびに「学年や学校段階を越えて児童／生徒の学習の成果が円滑に接続されるように工夫すること」（新学習指導要領）が期待される。なお、ポートフォリオ評価法を実践するうえでは、学習者と教師の間で見通しを共有すること、蓄積した作品を編集する機会を設けること、定期的にポートフォリオ検討会を行うことが重要である。

③ 「観点別学習状況の評価」と評価方法

　次に、中教審答申では、小・中・高等学校の指導要録における「観点別学習状況の評価」については、①「知識・技能」、②「思考・判断・表現」、③「主体的に学習に取り組む態度」の三観点に整理するとされている。
　「資質・能力」の三つ目の柱「学びに向かう力・人間性」に含まれる感性や思いやり等は、観点別学習状況の評価にはなじむものではない。そこで指導要録の三つ目の観点については、学校教育法に示された「主体的に学習に取り組む態度」が採用されている。「主体的に学習に取り組む態度」とは、「子供たちが自ら学習の目標を持ち、…学習に関する自己調整を行いながら、粘り強く知識・技能を獲得したり思考・判断・表現しようとしたりしているかどうかという、意思的な側面を捉えて評価する」ものである。
　図1に示した評価方法と対応させてみると、個々の知識・技能を身に付けているかを確認するには筆記テスト・実技テストが有効であろう。一方、「思考力・判断力・表現力」や「主体的に学習に取り組む態度」を育成していくためには、複数の知識やスキルを総合して使いこなすことを求めるようなパフォーマンス課題を用いることが有効だと考えられる。
　中教審答申では、観点別学習状況の評価の観点について、「毎回の授業ですべてを見取るのではなく、単元や題材を通じたまとまりの中で、学習・指導内容と評価の場面を適切に組み立てていくことが重要である」と述べられている。2001年改訂指導要録において「目標に準拠した評価」が導入された際には、指導要録の四つの観点について毎回の授業ですべてを見取ろうとする例が多く見られた。その結果、知識やスキル

を総合して使いこなすような「思考力・判断力・表現力」がかえって評価しづらくなったり、教師たちが過度に忙しくなったりしてしまうといった問題も生じた。それに対し中教審答申では、より長期的な見通しの中で、各観点の評価を適した場面で行うことが推奨されているといえよう。具体的には、各観点に適した評価方法を選択したうえで、どの評価方法をどの場面で用いるのかを明確にすることが有効だと考えられる。

なお、中教審答申では、「学習評価の工夫改善に関する参考資料」において、「複数の観点を一体的に見取ることも考えられることなどが示されることが求められる」と述べられている。実際のところ、各教科における「思考力・判断力・表現力」と「主体的に学習に取り組む態度」は、子供たちが例えばパフォーマンス課題に取り組む中で統合的に発揮されるものである。複数の観点を意識しつつも、「一体的に見取る」可能性が指摘されたことは、より学習の実態に即した評価を実現する方向性を示すものとして意義深い。

  評価の妥当性を高める
　　――パフォーマンス課題の作成と活用――

評価の妥当性を高めるための方策としては、まず、教育課程の目標に応じて、どのような評価方法が用いられているかについて実態を把握し、必要ならば改善策を検討することを勧めたい。例えば、テスト問題を持ち寄り、目標となっている内容や観点に照らして適切な問題が出題されているかを検討することも意義深い。また、教科教育において、まったくパフォーマンス課題が取り入れられていないのであれば、パフォーマンス課題を開発・活用する実践研究を始めることが有意義であろう。

中教審答申では、各教科において、三つの柱でとらえられる「資質・能力」を発揮させつつ、「各教科等の特質に応じた物事を捉える視点や考え方」(「見方・考え方」)を鍛えることが重視されている。特に教科教育においてそのような「見方・考え方」を鍛えるうえで有効なのが、各教科の「本質的な問い」に対応したパフォーマンス課題を取り入れることである。

　各教科には、その教科における複数の単元を貫くような、包括的な「本質的な問い」が存在している。例えば、国語科や英語科であれば「何を、どのように読み／書き／話し合えばいいのか」、算数・数学科であれば「様々な量を、どのように測定すればよいのか」、理科においては「身の回りの事象や現象は、どのように探究することができるだろうか」といった問いが、様々な単元で繰り返し扱われる。包括的な「本質的な問い」を単元の教材に適用して具体化すると、単元の「本質的な問い」を設定することができる。

　例えば、社会科の歴史的分野であれば、「歴史的に見て、社会はどのような要因によって変化しているのか」という包括的な「本質的な問い」が想定できる。また、単元における「本質的な問い」としては、「明治維新によって社会はどのように変化したのか。それはなぜか」といったものが考えられよう。

　パフォーマンス課題をつくる際には、単元の「本質的な問い」を問わざるを得ないような状況設定をすると良い。例えば、「時は1901年、20世紀の始まりです。あなたは明治時代の新聞社の社員であり、社会が大きく変化した明治維新を記念する特集記事（A4判1枚）を書くことになりました。明治維新による社会の変化を説明するとともに、今後の改革のあり方について提案するような記事を書いてください」といった課題が考えられる[3]。

　このような課題に取り組むことで、「社会というのは、政治的要因、

経済的要因、文化的な要因が複雑に影響し合いながら変化するものである」という「見方・考え方」を身に付けることができる。そうすれば、その後の学習においても、そのような「見方・考え方を働かせながら、知識を相互に関連付けてより深く理解したり、情報を精査して考えを形成したり、問題を見いだして解決策を考えたり、思いや考えを基に創造したりすること」（新学習指導要領）が可能になるだろう。

ただし、パフォーマンス課題については、すべての単元で用いる必要はない。総合的な課題に取り組むのに適した単元において、実行可能な範囲で取り入れることが重要である。

パフォーマンス課題を取り入れる際には、子供たちが知識やスキルを総合して使いこなせるように指導していくことが求められる。課題に向けて動機づけ、見通しをもたせるような導入の工夫、必要な知識やスキルを効果的に習得させる指導、情報を比較したり関連付けたりしながら思考を深めさせるための対話の在り方、的確に自己評価する力を身に付けさせる活動など、授業を具体的に改善していくことも必要である。そのためには、従来から行われてきたように、研究授業や事後検討会の形で行う研修も重要であろう。

❺ 評価の信頼性を高める──ルーブリックづくり──

最後に、評価の信頼性を高めるためには、教科ごとの特性に応じて、観点別評価の重みづけをそろえたり、それぞれの観点に適した評価方法や採点基準の検討に取り組んだりすることが有効であろう。観点別評価を総括して「評定」をつける際には、各教科の特性を踏まえて、それぞれの観点に重みづけを設定することが望ましい。

パフォーマンス課題を取り入れるに当たっては、課題に対応して子供

たちが作品を生み出した時点で、ルーブリックづくりをすることを勧めたい。ルーブリックとは、成功の度合いを示す数レベル程度の尺度と、それぞれのレベルに対応するパフォーマンスの特徴を記した記述語から構成される評価基準表である。特定課題ルーブリックについては、表1のような手順で作成できる。

表1 「特定課題ルーブリック」の作り方[4]

① パフォーマンス課題を実施し、学習者の作品を集める。
② パッと見た印象で、「5 すばらしい」「4 良い」「3 合格」「2 もう一歩」「1 かなりの改善が必要」という5つのレベルで採点する。複数名で採点する場合は、お互いの採点がわからないように、採点を作品の裏に貼り付けるなどの工夫をするとよい。
③ 全員が採点し終わったら付箋紙を作品の表に貼り直し、レベル別に作品群に分ける。複数名で作る場合は、意見がだいたい一致した作品群から分析するとよい（評価が分かれた作品については、よけておく）。それぞれのレベルに対応する作品群について、どのような特徴が見られるのかを読み取り、話し合いながら記述語を作成する。
④ 一通りの記述語ができたら、評価が分かれた作品について検討し、それらの作品についても評価できるように記述語を練り直す。
⑤ 必要に応じて評価の観点を分けて、観点別ルーブリックにする。例えば、観点によって複数の学習者の作品の評価が入れ替わる場合には、観点を分けた方が良い。

校内研修において数名のグループに分かれ、表1の手順でルーブリックづくりに取り組めば、評価の観点や水準を共通理解できる。作品を通して子供たちの実態を具体的に把握することができ、その後の指導の改善にも活かすことができる。

実際に、ある中学校では、次のような形でカリキュラム改善が進められた[5]。1年目には、各教科の代表教師が、パフォーマンス課題を少なくとも一つ作って、指導に取り入れた。2年目には、教科部会で協力してパフォーマンス課題づくりを行うとともに、モデル作品づくりをしてみて指導の改善に役立てた。3年目・4年目は、各教科部会において、パフォーマンス課題に取り組んだ生徒たちが生み出した作品に基づいてルーブリックが作られるとともに、それを踏まえて指導の改善が図られた。同時に、パフォーマンス課題のさらなる開発・改善が進められた。

また、別の高等学校の英語科では、まず高校1年生から3年生に共通するパフォーマンス課題（日本のことや暮らしを海外の人に紹介するという課題）を与えた。生み出された作品をもとにルーブリックづくりに取り組み、3年間で育てる英語力の見通しを英語科教師全員が共有した。その後、数々のパフォーマンス課題を開発・活用するとともに、効果的な指導方法についての理解も共有されていった[6]。

　これらの事例が示すように、学校のカリキュラム改善については、数年単位の見通しをもちつつ進めることが求められる。その際には、校内研修を計画的に実施することが重要といえよう。

【注】
1) カリキュラム・マネジメントの詳細については、田村知子・村川雅弘・吉冨芳正・西岡加名恵編著『カリキュラムマネジメント・ハンドブック』（ぎょうせい、2016年）を参照。
2) 西岡加名恵『教科と総合学習のカリキュラム設計―パフォーマンス評価をどう活かすか』図書文化社、2016年、p. 83。
3) 三藤あさみ先生の実践を参考に課題文を作成した。三藤先生の実践については、三藤あさみ・西岡加名恵『パフォーマンス評価にどう取り組むか―中学校社会科のカリキュラムと授業づくり』（日本標準、2010年）を参照されたい。
4) 西岡、前掲書、p. 103。ただし、一部加筆した。
5) 詳細については、北原琢也編著『「特色ある学校づくり」とカリキュラム・マネジメント―京都市立衣笠中学校の教育改革』（三学出版、2006年）を参照されたい。
6) 詳細については、西岡加名恵・永井正人・前野正博・田中容子・京都府立園部高等学校・附属中学校編著『パフォーマンス評価で生徒の「資質・能力」を育てる―学ぶ力を育てる新たな授業とカリキュラム』（学事出版、2017年）を参照されたい。

第9章
アクティブな校内研修への転換

山形大学准教授
野口 徹

新学習指導要領で求められる教職員の研修体制

(1) 各学校に求められる「カリキュラム・マネジメント」

　2017年3月に告示された新学習指導要領では、その総則の第1において、教育課程の意義と各学校の編成する教育課程によって児童・生徒に育成すべき資質・能力について示している。そしてその中には、各学校が資質・能力の育成を中心に据えた「カリキュラム・マネジメント」を実施することを指し示している文章がある。例えば、小学校学習指導要領では以下のとおりである。

> 　各学校においては、児童や学校、地域の実態を適切に把握し、教育の目的や目標の実現に必要な教育の内容等を教科等横断的な視点で組み立てていくこと、教育課程の実施状況を評価してその改善を図っていくこと、教育課程の実施に必要な人的又は物的な体制を確保するとともにその改善を図っていくことなどを通して、教育課程に基づき組織的かつ計画的に各学校の教育活動の質の向上を図っていくこと（以下「カリキュラム・マネジメント」という。）に努めるものとする[1]。

　この「カリキュラム・マネジメント」という言葉自体が新しさを含んだものであることから、この文章が示す事項は学校現場からすると少々いかつい印象を受けるかもしれない。しかし、これを箇条書きに直してみると、案外平易なものとなる。例えば次の通りとなる。

第9章
アクティブな校内研修への転換

> 各学校は、
> ① 児童や学校、地域の実態を適切に把握する。
> ② 教育の内容等を教科等横断的な視点で組み立てる。
> ③ 教育課程の実施状況を評価してその改善を図る。
> ④ 教育課程の実施に必要な人的又は物的な体制を確保する。
> ⑤ 上記の活動を通して、教育課程に基づき組織的かつ計画的に各学校の教育活動の質の向上を図ることなどに努めることとする。
> このような取組みを「カリキュラム・マネジメント」と称する。

　つまり、ここで示されているのは、各学校が児童・学校・地域の実態を的確に把握（①）し、教育内容は教科等を横断的な視点で組み立て（②）、これらによる教育活動を評価して改善を図り（③）、教育活動に必要な人や物を体制として整え（④）、これらを組織的・計画的に行うことで教育活動の質を向上させる（⑤）、という視点をもって取り組むことであり、これをもって「カリキュラム・マネジメント」とする、というのである。それでは、各学校がこの内容が示すような視点で教育課程を編成することは、新学習指導要領において「新規」で取り組むべき内容として示された、というものと考えるべきであろうか。

　実は、各学校で教育課程を主体的に編成することについては、これまでの学習指導要領においても示され続けてきているのである。特に、戦後すぐの1947年・1951年に「試案」として出された学習指導要領ではその色彩が最も濃く現れており、各学校が子供や地域の実態に応じて教育内容を研究し開発することを謳ったものであった。その後、1958年の改訂時に、長尾（2001）が指摘するように「学習指導要領は、教育課程の目標、内容等を示す行政的文書としてのスタイルを整える一方、法的拘

束力をもつ教育課程の基準としてその性格を大きく変え」[2]ていったことと、「戦後新教育の中で開発研究をもっていた教師が昭和50年以前にほとんどみな定年で学校を去っていたため、教師集団自身に開発の力量があまりなく、宝のもちぐされの状態が続いて今に至っている」[3]と安彦(2001)が指摘する状況もあり、現在は各学校で教育課程を編成する機能が十分に果たされてきたとはいえないようである。そのように考えると、新学習指導要領が示す「カリキュラム・マネジメント」に各学校が取り組むことは、決して簡単ではないといえるものである。

(2) SBCDの必要性

そもそも、各学校が主体的に教育課程を編成する、つまり、カリキュラムを開発することにはどのような意義があるのであろうか。

これの端緒として、1974年に東京で開催された「カリキュラム開発に関する国際セミナー」(OECD教育研究革新センターと文部省(当時)の共催)において協議された内容について言及されることが多い。それは、このセミナーにおいて基調講演を行ったスキルベックが、「学校に基礎をおくカリキュラム開発(school-based curriculum development：以下SBCD)」などについて説明しているからである。

スキルベックが説明するカリキュラムとは、「授業・学習の計画や教授細目、その他の教育内容について述べられた意図(指導要領のようなものをいうのであろう)を指すばかりでなく、この意図や計画が実践に移されていく方法まで」[4]を指すとし、カリキュラムの開発については、「教授目標の再検討に始まり、教材、教授、学習の手続き、評価方法などの計画や構成を含むものである。それは一度つくり上げればそれでしばらくはおしまいといったようなものではなく、絶えず検討され、評価され、修正されてゆく継続的なプロセスである」[5]としている。つまり、

スキルベックによれば、カリキュラムは授業・学習の意図や計画を作成することであるのに加えて、それを授業で実施される方法、児童・生徒にとっての学習方法も含んでいる概念である。また、カリキュラムを開発することは、授業の実践状況から児童・生徒に意図した学習が成立しているか評価を行い、それに対する修正を繰り返し加えること、としているのである。

　そしてスキルベックは、このようなカリキュラムを開発するためには、各学校こそがその権限と責任を有している主体なのであり、国や地方自治体が開発するカリキュラムとの役割を分担し合いながら実践のレベルでの授業へと導いていくことがSBCDの考えであり、極めて重要である、と主張したのである。このスキルベックの主張したSBCDの考えについて、佐藤（2001）は「学校を『人間的な社会制度』として再認識し、『教師と子どもが出会う場所がカリキュラム開発の最良の場である』という『哲学』を表現している」[6]ものととらえている。

　ここから考えるならば、教師にとってカリキュラムを開発することとは、どのような内容の授業をどのような方法で行うかということを計画するとともに、そこから子供にいかにそのような学習を成立させ得るか、ということを思考し、実践する、ということであり、学校とはそれらを日常的に繰り返し行う場である、ということになる。つまり、学校は子供が学習する場であるとともに、教師にとっても研修する場である、ということである。しかし、先述したように、現在までの学校はそのような場として機能している実態はない。村川（2001）が「国家カリキュラムとしての学習指導要領が存在し、それに準拠して教科書がつくられ、全国でほぼ同一のカリキュラムが実践されている我が国においてSBCDは馴染みが薄い言語であった」[7]と指摘しているとおり、学習指導要領に示された内容とそれを具現化した教科書の存在があったことも要因の一つであろう。

そんな中、新学習指導要領では、各学校に「カリキュラムの開発の場」として取り組むことをうながしているのである。現況を考えてもこれに取り組むことは、各学校においてカリキュラムを開発することについての「研修」を行う必要性が高まるのは明らかである。

(3)　教科横断的な視点に立った資質・能力のカリキュラム開発

　さらに、新学習指導要領が、各学校がカリキュラムを開発するときに要求するのが教科横断的な視点で児童・生徒に資質・能力を育成することである。

　例えば、総則の「第2　教育課程の編成」に、各学校が教育課程を編成、つまりカリキュラムを開発するときの視点を次のように示している。

> 2　教科等横断的な視点に立った資質・能力の育成
> (1)　各学校においては、児童の発達の段階を考慮し、言語能力、情報活用能力（情報モラルを含む。）、問題発見・解決能力等の学習の基盤となる資質・能力を育成していくことができるよう、各教科等の特質を生かし、教科等横断的な視点から教育課程の編成を図るものとする。
> (2)　各学校においては、児童や学校、地域の実態及び児童の発達の段階を考慮し、豊かな人生の実現や災害等を乗り越えて次代の社会を形成することに向けた現代的な諸課題に対応して求められる資質・能力を、教科等横断的な視点で育成していくことができるよう、各学校の特色を生かした教育課程の編成を図るものとする。[8]

　これらには、児童・生徒に資質・能力を育成するために「教科等横断

的な視点」で教育課程を編成する、という表現が繰り返し用いられているのである。これは、各学校で開発されるカリキュラムは、教科等を横断して資質・能力を育成することを担保したものでなくてはならない、ということである。また、各学校で開発するカリキュラムは、意図的・計画的に組織して行う授業及びそこで学習する内容としての面（「何を学ぶか」）と、それらを通して育成される資質・能力の面（「何ができるようになるか」）、という二つの面を有したものとすることが求められていることになる。

　各学校では、「何を学ぶか」「何ができるようになるか」という両面を見通すことのできるカリキュラムを開発することが求められているのである。当然のことながら、各学校にはこれらを可能とする教師の存在が必要なのであり、それは集団であるべきである。ここからも、各学校ではカリキュラムを開発することを研修する教師集団を形成することが喫緊の課題となってくる。

❷ アクティブ・ラーナーとしての教師集団による研修の取り組み方

(1) 「アクティブ・ラーナー」としての教師

　新学習指導要領が示す「カリキュラム・マネジメント」は、前述したように児童・生徒の学習を中心に据えて、各学校全体の取組みがより精度の高いものへと向かうことを意味している。これらの言葉の重みを認識し、各学校が十分に対応していくことを考えるときには、教師一人一人には次のような意識が求められる。まず、児童・生徒の学習を中心に据えた教育実践に対する自らの「課題」を主体的に認識していること。

そして、その課題を集団の中で対話的に解決しようとすること。その結果として、「何を学ぶか」「何ができるようになるか」という両面を見越すことのできるカリキュラムを開発し、適切にマネジメントする、という深い目的を志向していること。つまり、新学習指導要領で掲げられている「主体的・対話的で深い学び」、いわゆる「アクティブ・ラーニング」を行う意識である。いわば、教師自身が「アクティブ・ラーナー」となることが求められるのである。そして、そのような意識をもった教師の集団が形成されることが各学校の「カリキュラム・マネジメント」の成否を決する、といっても過言ではないのである。

(2) 一人一人の教師の課題意識の醸成、学校全体の課題の設定

それでは、どのように教師一人一人が自らの課題を認識すればよいであろうか。

まずは、自らの日頃の教育活動、特に、授業実践と児童・生徒の学習状況や様子などを振り返り、授業内容や採用した方法、児童・生徒の学習の状況や成果、もしくは問題点、また、授業実践から感じる疑問点など、様々な気付きをノートなどに日常的に記述することが重要である。特に大切になるのが、児童・生徒の資質・能力の見取りに関する記述である。授業内で資質・能力を発揮している児童・生徒の具体の姿は必ず記述する。つまり、自らの授業実践に対する「言語活動」を行うのである。一定の時間を経た段階でこの活動によって蓄積した材料を整理してみることから、自らの課題が明確に見えてくる。ここから自らの課題を見いだすのは、授業の中で児童・生徒が行っている活動と全く同じである。

さらに、研究授業等における同僚教師の授業実践を参観する機会などにおいても同様の「言語活動」を行うべきである。ただし、そこで中心となるのは、あくまでも児童・生徒の学習する姿を中心にした気付きを

記述すること、である。これらを通して、自らの解決すべき「課題」を明確に認識することが可能となってくる。教師一人一人が自らの課題を認識したら、その課題を教師の間で出し合い、そこから共通点を見いだし、確認する作業を通して「学校全体の課題」を設定することとなる。

(3) 課題解決に必要な情報の収集

「学校全体の課題」が設定されたら、その解決に向けて教師集団が日常的に必要な情報を集めていくことを奨励したい。ここでモデルとなるのは、学級内の「児童・生徒の姿」である。彼等は一人一人が個性を発揮し、課題解決に必要な情報を集め、それらの共有化を図る活動を行っている。例えば、栽培している植物について、微細な変化や成長を「観察記録カード」に記録し、それらを持ち寄って状況を話し合うことなどがその典型である。児童・生徒は活動を日常的に行っている。

これに対して、教師は授業研究の協議会において語り合うときに躊躇する場合が多い。その要因となるのが、授業中の児童・生徒の様子を細切れに記述したり、記憶に留めていたりすることにある。特に、教科専科となる中学校で他教科の授業に関して論議を行う場合には自信が無いことから活性化しにくく、生徒が資質・能力を教科横断的に発揮している様子を研修し合うための質が担保されにくいことが多い。

これを解決するには、一人一人の教師が授業の中で児童・生徒が資質・能力を発揮している姿をカメラで撮影したり、その前後の児童・生徒の発言等もメモしたりすることを勧めたい。まさに児童・生徒の具体の姿の「観察記録カード」である。児童・生徒の姿は「カリキュラム・マネジメント」を進めるうえで最も大切な基礎データでもある。まさに、授業中の児童・生徒の姿を見ることが、課題解決に必要な情報としての焦点化された情報を収集する場である、という認識が生まれる。

(4) 対話的な情報の整理・分析

　収集した児童・生徒の姿や言葉などの情報について、授業後の協議会で資質・能力の視点から整理したり分析したりする際には、ワークショップ型の手法によって対話的に実施したい。

　例えば、卓上サイズのホワイトボードを複数用意しておき、資質・能力の観点をそれぞれに示しておく。授業中に撮影した児童・生徒の姿をグループ内で整理・分析し、ある観点の資質・能力が発揮されている様子があれば、その観点のホワイトボードに児童・生徒の具体の姿を記述するのである。全体会では、相互にホワイトボードを掲示し、写真も映しながらグループ協議の内容を交流し合う。ここからその授業の成果と課題が共有されることとなり、また、児童・生徒が教科を横断して発揮する資質・能力の見取りについても共有されることとなる。

(5) 研修結果をまとめ、表現することによる共有

　児童・生徒は、授業中に学習したことをポスター等にまとめ、発表をしたり壁に掲示してその後も見合えるようにしたりして共有している。これも教師間の研修ではあまり見られない。質的な向上を目指すためにもぜひ共有を心掛けたい。研修会の各グループの協議記録は、印刷して

全員に配付する。職員室に掲示する。または、デジタル化したデータとして共有することなどを求めたい。これによって、当該グループ内での意識を超えて、他のグループへの啓発を生み出すことも可能となり、そこから新たなアイディアを導き出したり、新たな課題を設定したりすることへとつながっていくことも考えられるのである。

(6) 探究的に学び合う教師集団

「カリキュラム・マネジメント」を行う「アクティブ・ラーナー」としての教師の研修の過程は、児童・生徒の「探究的な学習過程」とほぼ同一である、といえる。むしろ、教師自らがこのような過程によって教師集団の研修を組織化・活性化することを経験するべきである。この経験はモデル化されて教室内の授業実践にも反映していく。児童・生徒の学習と教師の研修とを同一水平線上で考えることこそが、各学校で取り組むべき「カリキュラム・マネジメント」への第一歩となるのである。

【注】
1) 文部科学省「小学校学習指導要領」2017年、p. 4
   http://www.mext.go.jp/a_menu/shotou/new-cs/1384661.html
2) 長尾彰夫「学習指導要領」日本カリキュラム学会編『現代カリキュラム事典』ぎょうせい、2001年、p. 137
3) 安彦忠彦「カリキュラム開発の実践と動向」前掲書2)、p. 196
4) 文部省「カリキュラム開発の課題―カリキュラム開発に関する国際セミナー報告書」1975年、p. 8
5) 同上、p. 9
6) 佐藤学「学校改革とカリキュラム」前掲書2)、p. 466
7) 村川雅弘「学校に基礎を置くカリキュラム開発」同上、p. 147
8) 前掲1)、p. 5

第10章
メッセージ：新教育課程に挑む教師たちに向けて

埼玉県秩父市教育委員会教育長
新谷喜之

独立行政法人教職員支援機構事業部長
㈱次世代型教育推進センター副センター長
古川聖登

メッセージ：新教育課程に挑む教師たちに向けてⅠ

子供たちの「もっと伸びたい」に応えるために

埼玉県秩父市教育委員会教育長
新 谷 喜 之

❶ 教師であるということ

　新学習指導要領が告示され、新たな教育課程の準備に取り組まれている先生方に、大いなるエールを送りたい。私は、年に数十回、学校を訪問する機会があり、先生方の真摯な姿、子供たちの学びに向かう素直な姿に感動する。また、入学式、卒業式に出席し、子供たちの成長を確認するにつけ、本当に教師という仕事は素晴らしいと思う。

　今回、このメッセージを書くに当たって、改めて大村はま先生の『教えるということ』[1]を読み返した。私は、現在の職も含め、教育行政には長く従事してきたが、教員の経験はない。先生方にメッセージを送るに際し、先生方の見方や考え方を確認したかったからである。『教えるということ』は、昭和45年8月の富山県小学校新規採用教員研修会での大村はま先生の講演の記録である。文庫版でわずか70ページ程の文章の中に、教師という職業のやりがいや喜び、一方での「教えること」の厳しさ、単に「子供を好き」ということの甘さ、本当の意味での子供への愛情・敬意というものが凝縮されており、身が引き締まる思いで、一気に読み終えた。

　仕事柄、初任の先生方と面談することがある。定番の、「どうして教

第10章 メッセージ：新教育課程に挑む教師たちに向けて

員になったんですか？」という問いに、やはり定番の「子供が好きだから」「教えることが好きだから」という答えが返ってくるのだが、「教えるということ」「教師であること」の怖さ、厳しさについても語り合わなければと改めて思った。さはさりながら、「子供が好き」「子供たちを伸ばすことのできる教師になりたい」とキラキラ輝きながら答える若い先生方の気持ちを大切にしたいと思う。いつまでもその気持ちをもち続けていただきたい。輝いていた若い教師がやがて元気がなくなり、表情がなくなっていくのを見るのは辛いものである。是非、生涯、「明るく、楽しく、前向き」に、子供たちに向き合っていただきたいと願う。

教師は一人ではない

　不易なものとして時代を超えて教員に求められてきたものがある。使命感や責任感、教育的愛情（単に好きだ、という意味ではなく）、教科や教職に関する専門的知識、実践的指導力、総合的人間力、コミュニケーション能力などがそれである。これらは、引き続き教員に求められるが、これに加え、これからの時代の教員には、自律的に学ぶ姿勢をもち、時代の変化や自らのキャリアステージに応じて求められる資質能力を生涯にわたって高めていくこのとのできる力（学び続ける教員像）や、情報を適切に収集し、選択し活用する能力や知識を有機的に結び付け構造化する力などが必要とされている[2]。さらに加えて、次世代の学校の在り方としてのコミュニティ・スクールやチーム学校を踏まえた、学校運営への参画、新学習指導要領に対応する力なども求められる。
　一人の教員に多くのことが求められ大変である。しかし、教師は一人ではない。コミュニティ・スクール、チーム学校により、教職員同士、地域・保護者が連携・協働して、何よりも子供たちのためにより良い学

校をつくり、決して一人で抱え込むことなく、新学習指導要領実施に向けた課題に立ち向かってほしいと思う。

③ 次世代の学校と新学習指導要領

　平成27年12月に中央教育審議会から、コミュニティ・スクールとチームとしての学校にかかる答申が同時に出された。これらに、教員養成改革を併せて、文部科学省は、「『次世代の学校・地域』創生プラン」を策定し、教員改革と学校の組織運営改革（チーム学校）、地域と学校の連携・協働（コミュニティ・スクール）を核とする制度改革が進められている。今後、学校の姿は大きく変わっていくものと予想される。当然、それに応じて、教員の位置付けや、役割、求められる資質能力も変わってくるだろう。また、平成29年3月には新学習指導要領等が告示された。新しい時代に必要となる資質・能力の育成（何ができるようになるか）、育成すべき資質・能力を踏まえた教科・科目等の新設や目標・内容の見直し（何を学ぶか）、アクティブ・ラーニングの視点からの普段の授業改善（どのように学ぶか）という視点に基づき改訂が行われたとのことである。これからの教育課程の理念としての「社会に開かれた教育課程」が示され、「カリキュラム・マネジメント」「主体的・対話的で深い学び」「プログラミング教育」といった新たな言葉もみられる。また、小学校の教科としての外国語も設けられた。各学校は、今後、改訂の趣旨説明会や各種研修会により、これらの改訂の趣旨をしっかりと理解し、実施に向けた早め早めの準備を、組織的、体系的に行うことが必要となる。大変そうだが、学校にはこれまでの実践の蓄積がある。決して浮足立つことなく、これまでの実践を活かしながら新学習指導要領の趣旨の実現に取り組んでほしい。

④ 新たに求められる力

　先生方には、このような学校の在り方の変化、指導内容・方法の変化に的確に対応できる「対応力」を是非、身に付けていただきたい。教師という、高度専門職としてのスペシャリストの視点と、保護者や地域の方々への対応も柔軟にできるジェネラリストとしての視点の両者をもち、生涯にわたり、戦略的に自己の資質・能力の向上を図っていただきたい。そして、この先生と出会って本当に良かったと思われる先生に是非なっていただきたい。子供たちにとっては、先生が頼りであることを、常にお考えいただきたいと思う。ただ、気にしすぎると、笑顔もひきつる。心も折れる。最大限の努力をした後は、評価は後から付いてくる。それで評価が悪いなら、仕方ない、他の手を考えるか、という骨太な面も必要かと思う。

　今回の学習指導要領の改訂に当たっては、「育成すべき資質・能力」（中教審答申では「育成を目指す資質・能力」）を整理したうえで、教科等の目標・内容の見直しが行われたと聞いている。このような子供たちに求める「育成すべき資質・能力」については、教師についても求められるのだろう。文部科学省の報告書[3]には、自立した人格をもつ人間として、他者と協働しながら、新しい価値を創造する力を育成するため、例えば「主体性・自律性に関わる力」「対人関係能力」「課題解決力」「学びに向かう力」「情報活用能力」「グローバル化に対応する力」「持続可能な社会づくりに関わる実践力」などを重視することが必要とされている。また、受け身でなく、主体性をもって学ぶ力を育てることが重要であり、リーダーシップ、企画力・創造力、意欲や志なども重視すべきである。人としての思いやりや優しさ、感性などの人間性も重要、と

されている。さらに、メタ認知（自己調整や内省、批判的思考等を可能にするもの）が必要とされている。ご努力いただきたい。

⑤ 授業力の向上

　大村はま先生の言葉をお借りすれば、「研究することは『先生』の資格」、子供を少しでも伸ばすために研究しないのは先生とはいえない、とのことである。そのために、ご自身は、毎月1回の研究授業を自らに課したことが書かれている。
　全国学力・学習状況調査が実施され、学力向上の取組みが課題となっている。これには様々な意見もあり、全国的な順位のみを意識した取組みが批判を浴びたりもしている。秩父市においても基礎学力の向上を最優先課題とし、教育委員会と学校が協力して取り組んでいる。しかし、実際に取り組むのは、学校、先生方と子供たちである。やらされ感で取り組んでは、効果もあがらない。
　そこで秩父市では、何のための学力向上か、そのミッションについて定義を行い、学校（教職員・子供たち）、保護者、教育委員会との共通理解を図ることとした。「秩父市学力向上ミッション」として「子どもたちの未来の幸せのために〜①社会を生き抜く力を身につけることができるよう、子どもたちの『できること』、『わかること』を増やす。②子どもたちの伸びる姿を教師の喜びとして取り組む」ことを規定した。この学力向上のミッションを共通理解するとともに、「チチブチャレンジ」という授業改善リーフレット[4]を作成し、全教員に配布した。内容は①教師の心得（時を守り、場を清め、礼を正す）に始まり、②授業づくり（よい授業を行う10のポイント）、③学習規律（学習に集中できる環境づくり）、④特別支援教育の視点（ユニバーサルデザイン）、⑤授業の流

れ（スタンダード）、⑥アクティブ・ラーニング、⑦板書の仕方とノート指導、⑧発問、⑨机間指導、⑩ICTの活用、⑪家庭学習、⑫読書、⑬学習評価、⑭各調査の活用、とし、教師にとって実践的な内容を17ページに簡単にまとめたものである。これを通じて、それぞれの学校、各教師において授業改善の取組みが活性化することを願っている。

６ 学び続ける教師

　今後の教員の資質能力の向上については、中教審答申で、教員養成・採用・研修を通じて「教員は学校で育つ」との考え方の下、教員の学びを支援するという方向性が示されている。教員養成段階については、養成内容の改革として、新たな課題である、英語、道徳、ICT活用、特別支援教育やアクティブ・ラーニングの視点からの授業改善等に対応した教員養成への転換など、また、採用段階の改革として、教師塾の普及等、円滑な入職のための取組みなど、さらに、現職研修の改革として校内研修推進のための支援、初任者研修改革、十年研修改革、管理職研修改革などが提言されている。大改革であるが、今後の学校教育のためには避けて通れないと思う。個々の先生方は、これらの改革を、自らを伸ばすチャンスとポジティブに受け止め、「学び続ける教員」としてキャリアアップを図る姿勢をもっていただきたい。
　特に、研究授業等の校内研修の活性化は、制度改革を待たず、各学校でできる取組みである。子供たちの「わかるようになりたい」「もっと伸びたい」という気持ちに応えるためにも、早速学校をあげて取り組んでいただきたい。また、免許状更新講習についても、スキルアップのチャンスと受け止め、新たな課題への対応に積極的に活用していただきたい。

今後の教員の資質能力の高度化の方向性に関しては、教職大学院がポイントになると思う。実習を中心として、理論と実践を往還する探求的な省察力を育成する体系的教育課程など、教育現場の実践に即した高度な学びの場である。今後、さらに整備が進められるものと思われる。このような新たな制度も活用し、自らの高度専門職たる教職のキャリアップに取り組んでいただきたい。

【注】
1)　大村はま『教えるということ』筑摩書房、1996年
2)　中央教育審議会答申「これからの学校教育を担う教員の資質能力の向上について」(平成27年12月21日)
3)　文部科学省「育成すべき資質・能力を踏まえた教育目標・内容と評価の在り方に関する検討会議(論点整理)」(平成26年3月31日)
4)　秩父市授業改善リーフレット「チチブチャレンジ」のURL
　　http://www.city.chichibu.lg.jp/7034.html

メッセージ：新教育課程に挑む教師たちに向けてⅡ

新教育課程のヒントは教職員支援機構にあり！

独立行政法人教職員支援機構事業部長
㈱次世代型教育推進センター副センター長

古 川 聖 登

　コミュニケーションが苦手、自己肯定感が低い、態度が受動的……。現代の子供たちの特徴としてよく語られることがらである。
　これらの「教育的課題」を克服するために、新教育課程が提唱している「新たな学び」すなわち「主体的・対話的で深い学び」への期待が高まっている。
　ここでは、「新たな学び」を学校や授業に取り入れていこうという教職員の方々に、研修や自己研鑽に実際に使える授業実践事例や校内研修動画などの情報を提供したい。

❶ 新たな学びの授業実践事例を提供

　独立行政法人教職員支援機構（NITS：ニッツ）は、法令改正により、平成29年4月1日に発足した。以前の独立行政法人教員研修センターは、その名のとおりつくば市の施設などで集合型の研修事業を中心に行う組織であったが、新機構では、教職員への総合的支援拠点となるべく調査研究やインターネットによる情報提供などの大幅な機能強化をしている。

教職員支援機構　次世代型教育推進センター

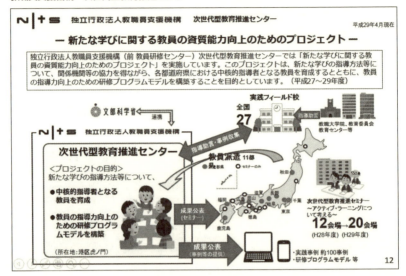

　また新機構では、文科省にほど近い東京都・西新橋に平成27年度から設置している「次世代型教育推進センター（以下、「センター」という。）」において、文部科学省教育課程課との密接な連携により「アクティブ・ラーニング」の視点からの授業改善を推進している。

　「新たな学び」といっても、それは霞が関で創作されたものではなく、全国の学校現場において、教師が工夫を凝らして取り組まれてきた授業のエッセンスを凝縮したものに他ならない。そこでセンターでは、3年間のプロジェクトを立ち上げ、11都県から派遣された教員が1～3年間の長期研修を行うとともに、自分の都県の実践フィールド校や他県の先進校を訪問・取材して、具体的な取組みの事例を多数収集している。

　文章で説明された「新たな学び」は、これまでの教育とどこが同じでどこが違うのか、なかなかわかりづらい面がある。そこでセンターでは、「新たな学び」を分析するとともに、前述のように全国から収集し

第10章
メッセージ：新教育課程に挑む教師たちに向けて

新たな学びの分析（センターHP掲載）

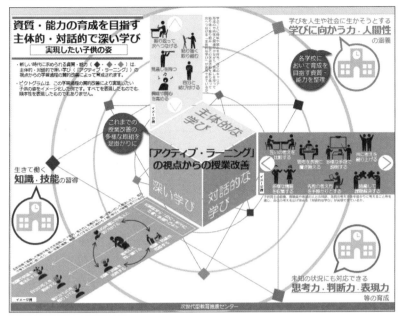

た「授業実践事例」約100事例（幼・小・中・高、各教科にわたる）を、センターHPに掲載している（平成29年4月現在）。ここでは、「実現したい子供の姿」をピクトグラムでイメージ化しわかりやすく解説しており、「新たな学び」「主体的・対話的で深い学び」「アクティブ・ラーニング」の理解に資するものとなると期待する。

センターHPでは、「事業実践事例」のほか、アクティブ・ラーニングの視点を取り入れた授業改善に関する「研修実践事例」（18事例　同年同月現在）や「研修プラン（提案）」（6プラン　同年同月現在）も同時に提供している。

授業実践事例等(センターHP掲載)

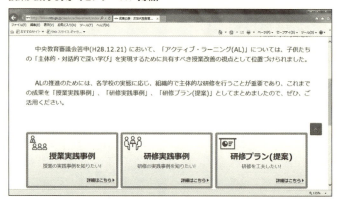

② 成果の普及　全国でのセミナー開催

　また、センターでは、その成果普及の場として、平成27年度から「次世代型教育推進セミナー」を全国で開催している。平成29年度は、全国20か所に拡充して開催する予定である。内容も、子供たちにアクティブ・ラーニングを実施する教師自らが、研修において生き生きと「主体的・対話的で深い学び」ができるよう、演習などが工夫されている。

平成29年度次世代型教育推進セミナー等（20会場）

会場（開催地）	開催日	セミナー会場
香川会場	平成29年5月19日（金）	高松テルサ（高松市）
三重会場	平成29年6月30日（金）	三重県総合教育センター（津市）
佐賀会場	平成29年7月27日（木）	ロイヤルチェスター佐賀（佐賀市）
島根会場	平成29年8月1日（火）	島根県立産業交流会館（松江市）
東京会場	平成29年8月2日（水）	東京都教職員研修センター（東京都）
長野会場	平成29年8月4日（金）	長野県総合教育センター（塩尻市）
鹿児島会場	平成29年8月9日（水）	かごしま県民交流センター（鹿児島市）
岡山会場	平成29年8月16日（水）	ピュアリティまきび（岡山市）
奈良会場	平成29年8月18日（金）	ホテル日航奈良（奈良市）

第10章 メッセージ：新教育課程に挑む教師たちに向けて

福岡会場	平成29年8月23日（水）	JR博多シティ（福岡市）
高知会場	平成29年8月25日（金）	サンピア・セリーズ（高知市）
北海道会場	平成29年8月29日（火）	北海道第二水産ビル（札幌市）
千葉会場	平成29年8月29日（火）	千葉県総合教育センター（千葉市）
広島会場	平成29年9月29日（金）	広島国際会議場（広島市）
和歌山会場	平成29年10月20日（金）	和歌山県自治会館（和歌山市）
山口会場	平成29年10月26日（木）	山口県健康づくりセンター（山口市）
徳島会場	平成29年10月31日（火）	徳島県教育会館 他（徳島市）
滋賀会場	平成29年11月7日（火）	ピアザ淡海、コラボしが21（大津市）
秋田会場	平成29年11月17日（金）・18日（土）	秋田県民会館 他（秋田市）
宮城会場	平成29年12月7日（木）	TKPガーデンシティ仙台（仙台市）

　なお、平成27、28年度のいくつかのセミナーは、YouTubeで御覧いただくことができる。参加できない方も是非御視聴いただきたい。

次世代型教育推進セミナーの動画（平成28年度）

③ オンライン講座（校内研修シリーズ）

　教職員支援機構（以下、「機構」という。）では、平成29年度から、校外、校内、自己研修を問わず、いつでもどこでも研修が可能となるよ

う、動画による研修教材「校内研修シリーズ」を提供している。

これらの動画は、各学校で実施する校内研修を約60分と想定し、その中で活用できる20分程度のものとなっている（14タイトル　平成29年4月現在）。

内容は、機構が誇る中央研修等の講師によるもののほか、新教育課程作成に関わられた文部科学省教育課程課の合田哲雄課長、同課教育課程企画室の大杉住子室長及び國學院大學教授（前文部科学省視学官）田村学氏が、豊富な資料とともに解説されている。

14タイトルを列挙すると、「教育と法Ⅰ（学習指導要領と教育課程の編成）」「教育と法Ⅱ（生徒指導）」「学習指導要領」「新しい学習指導要領において期待される学び」「総則とカリキュラム・マネジメント」「生徒指導」「自殺予防」「道徳教育」「いじめ対策のポイントといじめ防止基本方針の改定」「学校組織マネジメントⅠ（学校の内外環境の分析）」「学校組織マネジメントⅡ（学校ビジョンの検討）」「学校のビジョンと戦略」「チーム学校の実践を目指して」及び「キャリア教育」である。まさに、新教育課程の理解と実践に不可欠な講義ばかりである。

動画は、機構HPで見られ、同時に使用できる資料のPDFファイルも提供している。YouTubeでも視聴可能。是非、貴校の校内研修や個人研鑽にお役立ていただきたい。

「オンライン講座で学ぶ。校内研修シリーズ」14タイトルの一部

第10章
メッセージ:新教育課程に挑む教師たちに向けて

❹ いかに教職員を支援できるか──機構の挑戦──

「学び続ける教員」ということに、異論を唱える人はいないだろう。しかし、私たちは限られた時間の中で、仕事や生活をしている。機構は、こうした多忙な教員の研修ニーズに応えるべく、関係機関と連携しつつ、Webやメール等（下記参照）も活用し多様かつ質の高い支援を実施していく。同時に、教員の多忙化の解消に向けた調査研究等も行っていく予定である。今後の機構の事業展開に御期待いただきたい。

> ### メールマガジン「NITSニュース」の創刊
> 　機構では、研修で修得した知識やスキルの活用に向けて有用な情報や活用例の紹介、講義動画の内容紹介等を行うメールマガジンを創刊します。詳しくは、機構Webページ（http://www.nits.go.jp）を御覧ください。
>
>

第11章
事 例

社会に開かれた教育課程
資質・能力
主体的・対話的で深い学び
教育内容

事例：社会に開かれた教育課程

「玉中総合教育会議」を生かした「社会に開かれた教育課程」の実践

前熊本県玉名市立玉名中学校校長
熊本大学教職大学院シニア教授

太 田 恭 司

　平成28年8月に中央教育審議会教育課程部会が「次期学習指導要領等に向けたこれまでの審議のまとめ」を公表した。「審議のまとめ」には、「2030年の社会と、その先の豊かな未来において、子供たちがよりよい人生とよりよい社会を築いていくために、教育課程を通じて初等中等教育が果たすべき役割を示」すとともに、「学校教育の中核となる教育課程についても、社会とのつながりを大切にした『社会に開かれた教育課程』とすることによって、教職員間、学校段階間、学校と社会との間の相互連携を促し、更に学校種などを越えた初等中等教育全体の姿を描くことを目指す」とある。つまり、これからの時代を生きていくために子供たちに求められる資質・能力を学校と社会とが共有し、社会全体を通して子供たちを育んでいく「社会に開かれた教育課程」が必要である。そして、次の点が重要になると示されている。

① 社会や世界の状況を幅広く視野に入れ、よりよい学校教育を通じてよりよい社会を創るという目標を持ち、教育課程を介してその目標を社会と共有していくこと。
② これからの社会を創り出していく子供たちが、社会や世界に向

き合い関わり合い、自らの人生を切り拓いていくために求められる資質・能力とは何かを、教育課程において明確化し育んでいくこと。
③　教育課程の実施に当たって、地域の人的・物的資源を活用したり、放課後や土曜日等を活用した社会教育との連携を図ったりし、学校教育を学校内に閉じずに、その目指すところを社会と共有・連携しながら実現させること。

「玉中総合教育会議」は、上記の内容を踏まえたものであり、回を重ねる度に生徒たちの成長が伝わってきた。まだ１年目の取組みではあるが、「社会に開かれた教育課程」を実現するための大きな一歩になった。

1　学校・地域が連携・協働する仕組みを作る

　中学校は、ややもすると学校行事や部活動に多くの労力が費やされ内向きの活動が中心となりがちである。また、地域との連携・協働となると、現状でさえ多忙を極めているのに、これ以上業務を増やしたくないという声さえ聞こえてくる。「玉中総合教育会議」は、地域と学校をつなぐハブ的な役割を果たすものであり、学校の負担軽減にも大きく貢献するものになっている。現に、２年生で行っている職場体験学習では、約90か所の事業所を学年部の職員で連絡・調整していたものを、昨年度から「玉中総合教育会議」のメンバーで行っている。
　平成28年度の本校の生徒数は665人、学級数20学級の比較的規模の大きい学校である。平成23年度からコミュニティ・スクール、学校支援地域本部事業を受けており、地域・社会と連携・協働する体制はできている。しかし、持続可能な仕組みとして十分に機能しているとは言い難

図1 「玉中総合教育会議」成長モデル

い。そこで、その仕組みとして「玉中総合教育会議」を設置することにした。図1は、「玉中総合教育会議」の成長を展望したイメージ図である。

コミュニティ・スクールは、「地域とともにある学校づくり」を進めるための有効なツールであり、学校運営協議会の主な役割としては、「校長の作成する学校運営の基本方針を承認する」「学校運営に関する意見を教育委員会又は校長に述べる」「教職員の任用に関して教育委員会に意見が述べられる」の3つがある。しかし、ここには、生徒の参加は想定されてい

写真1　目指される玉中・熟議

ない。そこで、学校運営協議会とは別に、生徒が参加し、保護者・地域住民で構成されている学校運営協議会委員と相互に意見・要望を伝えることができる「目指される玉中・熟議」（写真１）を位置付け、「玉中総合教育会議」と名付けた。

玉中総合教育会議——目指すは目標連携——

　「玉中総合教育会議」とは、学校運営協議会と「目指される玉中・熟議」の総称である。そして、「目指される玉中・熟議」は生徒が参加し、地域の方や保護者との意見交換や要望等を互いに伝える場になっている。
　過去の事例を振り返ると、学校と地域の連携で一方向の支援や行動をすることが目的になっているものは長続きしない。してやっているという意識が強く、相手からの見返りが得られなければ不満が生じる。「目指される玉中・熟議」のねらいは、「学校教育目標の具現化のために、①教育ビジョンを共有し、学校・地域が連携・協働できる方策を協議する。②学校・地域の問題を連携・協働して、解決できる方策を協議する」である。学校と地域・社会の活動の目標が共有できれば、互いを有効活用できるのである。つまり、WIN & WINの関係づくりが大切である。「玉中総合教育会議」を通して、WIN & WINの関係を探ることは、「社会に開かれた教育課程」に向けた体制づくりになっている。

「社会に開かれた教育課程」の実践

　図２は、平成28年10月４日（火）に開催した第２回「目指される玉中・熟議」の会次第である。第１回で参加した地域行事等の報告、新たな依

頼について検討した。

地域の方の感想では、「学校のほうから地域へ入っていく。私はこれを待っていました。他校へも広がってほしい」、生徒の感想では、「地域の人と協力し、地域の人と絆を深めることによってよりよい玉中を創り上げ、発信できる」等が寄せられた。

以下に1回目、2回目の熟議によって実現した活動を紹介する。

図2 「目指される玉中・熟議」会次第

(1) たまな未来カフェ──玉中生、地域へ──

第1回「目指される玉中・熟議」での、運営協議会委員（市役所職員）からの依頼で、玉中から5人の生徒が参加した。平成28年6月18日（土）に実施され、10年後の玉名市を考えるための市民参加型のワークショップである。

玉名市長の挨拶後、テーマ別

写真2 テーマ別ワークショップ

（観光、福祉、環境等）に分かれて活動した。参加者の年齢は10〜70代まで幅広く、それぞれに課題を出し合い、解決策を考えた。福祉班では、玉中生が代表で発表をし、大きな自信につながった。

写真3　玉中生グループ代表発表

(2)　玉中未来タイム――文化発表会――

キャリア教育の一環で始めたもので、「玉中未来タイム」と名付けた。文化委員会で全生徒に将来なりたい職業のアンケートをとった。ねらいは、文化発表会に招聘する社会人講師を選ぶための「なりたい職業ランキング」である。これを基にした地域の社会人講師12人の発掘を、「目指される玉中・熟議」の場で文化委員長が学校運営協議会の委員に依頼した。講師決定後、文化委員で各職業講師の担当者を決め、講話依頼や当日の接待まで務めることにした。事前学習としては「玉名学（総合的な学習の時間等）」で、該当の職業や質問事項を学習し、平成28年10月22日（土）の文化発表会で職業講話を受けた。

写真4、5は、文化発表会当日

写真4　牧場経営者による実演

写真5　保育士による実演

の社会人講師による職業講話の様子である。校内に12ブースを設け、25分で2クールの講話をしていただいた。「なりたい職業ランキング」に基づく講師のため、生徒の参加意欲は十分であった。講話を終えた講師からは、「時間が短かったが、楽しかった。また、来年も来たい」という感想を数多

写真6　講師へのお礼状

くいただいた。また、後日講師に届けた生徒からの感想及びお礼状の中に「やっぱりこの職業に就きたいと思った」という文言があり、「自分たちの職業を広めることができるし、生徒の進路選択にも貢献できる」と感謝の気持ちを伝えに来られた講師の方もいた。WIN & WINの関係が成立しているのである。

(3)　貴重な体験学習の場にも——玉名市福祉レクリエーション——

　平成28年10月8日(土)、第2回「目指される玉中・熟議」で、地域の方（玉名市ボランティア連絡協議会の役員）からの依頼を受け、全校集会でボランティア委員会が呼びかけ15人が参加した。参加者兼スタッフとしてフル出場し、最後に玉中生で合唱を披露した。参加した3年生男子は「こんな活動があるのを知っていれば、1年生から参加したのに」という感想を残してくれた。生徒の意識を地域に広

写真7　スタッフの一員として

げるためには、参加できるできないに関わらず、情報提供をすることが大事である。

(4) 生徒の創造的活動「HERO活動」へ

　生徒会長が、第3回「目指される玉中・熟議」で次のような宣言をした。「今後は、地域の方との挨拶運動、その先には、地域の方との清掃活動を展開したい」と。そしてそれが現実のものになった。

　11月に展開された地域挨拶運動には、PTA役員、学級、委員会、部活動の枠を越えた参加があった。生活委員長とボランティア委員長が走りながら参加人数を数えていた。そして、始業前の全校放送で「今日の参加人数は132人でした。ご協力ありがとうございました」と弾んだ声でお礼を伝えていた。

　12月に展開された地域清掃活動では、早朝から学校周辺が玉中生

写真8　地域挨拶運動

写真9　地域清掃活動

であふれた。そして、これらの活動は「HERO活動」と名付けられた。

(5) 生徒会の意識の広がりが地域へ

　生徒会の動きが、これまで内向きだったものが地域へと広がりを見せたのは「玉中総合教育会議」の成果の一つである。

　そのことが、平成28年11月14日（月）に行った次期リーダー育成ワークショップの結果（図3）に表れている。2年生の希望者60人、3年生の生徒会役員23人と合わせて、83人のワークショップとなった。ファシリテーターとして3年生を各班に配置した。異学年でチームを作り、来年度の生徒会活動についての具体策290編が出され、その43%が地域や社会に関する活動であった。また、平成28年11月28日（月）に行った玉中至心タイム（研究発表会午前の部での生徒会活動発表）では、県内外の教職員、地域の方から、直接生徒たちへのアドバイスをいただいた。写真8、9の地域挨拶運動、地域清掃活動は、そのアドバイスを受けての実践でもある。

写真10　公開ワークショップ

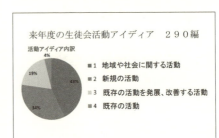

図3　ワークショップの結果

「社会に開かれた教育課程」の実現に向けて

　「玉中総合教育会議」を設定したことにより、生徒主体での地域、保護者等と連携・協働する場が生まれた。参加した生徒たちは、1年後の生徒会の目指す姿に向けて、その場で問題を提起し修正しながら実行し、更に発展させていくという取組みを繰り返してきた。最初は、一部の生徒の取組みから始まったが、回を重ねる度に全校生徒を巻き込んでいった。それとともに、生徒や教職員の地域、保護者との連携・協働に対する意識にも広がりが見えてきた。これからは、カリキュラム全体を俯瞰し、これまでの実践とつなぎ合わせ、独自のカリキュラムをデザインすること、そして、それをマネジメントしていくことが「社会に開かれた教育課程」の実現には必要である。

【参考文献】
- 国立教育政策研究所「社会の変化に対応する資質や能力を育成する教育課程編成の基本原理」2013年3月
- 国立教育政策研究所「資質や能力の包括的育成に向けた教育課程の基準の原理」2014年3月
- 文部科学省「教育課程企画特別部会論点整理」2015年8月
- 中央教育審議会答申「新しい時代の教育や地方創生の実現に向けた学校と地域の連携・協働の在り方と今後の推進方策について」2015年12月
- 中央教育審議会教育課程部会「次期学習指導要領等に向けたこれまでの審議のまとめ」2016年8月
- 「『社会に開かれた教育課程』を考える」『新教育課程ライブラリ』Vol.11、ぎょうせい、2016年11月

事例：資質・能力

資質・能力ベースのカリキュラム開発

新潟県上越市立大手町小学校教諭
磯 野 正 人

❶ 大手町小の教育課程

(1) 大手町小の子供観・教育観から生まれる教育課程

　大手町小学校では、「子供は本来的に学びたい、できるようになりたいと願う存在である」という「子供観」を大切にしてきた。そして、この「子供観」から、子供の思いや願いの実現を通して、子供たちの無限の可能性を引き出そうとする「教育観」が生まれている。大手町小では、こうした「子供観」「教育観」を基に、子供の思いや願いを大切にして、子供とともに教育活動を創る「子供中心主義の教育」を具現しようと、教育課程研究を続けてきた。
　現在の教育課程開発研究においても、ありのままの子供を見つめ、その瞬間の子供の姿から教育の在り方を考え、子供がもっている資質・能力を十分に発揮できる教育課程の開発を継続している。

(2) 子供の姿から見いだしてきた6つの資質・能力[1]

　大手町小では、知識や技能の習得とともに、社会や自然、人との関わ

りを深めながら、自らの力で自らの生活を切り開いていく資質・能力を育むことを大切にしてきた。これまでの実践研究の成果である「確かな学力を支える資質・能力」や「人間力（生きる力）に必要な資質・能力」と、大手町小の子供が「生活科」や「総合的な学習の時間」において諸課題を解決する過程で発揮してきた資質・能力を【探究力】【情報活用力】【コミュニケーション力】【創造性】【自律性】【共生的な態度】の6つに整理した。私たちは、これらを互いが豊かな暮らしをつくりながら生きていくために必要となる汎用的な資質・能力ととらえている。

(3) 6つの資質・能力を発揮する6領域の教育課程

「子供たちが事象と関わり、資質・能力を発揮しながら見方・考え方を広げ、深めていく姿。その姿がより見られる活動をつくりたい」

私たちは、現行の学習指導要領の編成原理を踏まえつつも、育む資質・能力という視点から精選・関連・統合・削除等を行って、教育課程の枠組みを再構築した。その際には、当校の研究で明らかになってきた「ふれあい」領域が教育課程の基盤であり、「生活・総合」領域が教育課程の中核であることのよさを生かすとともに、学習指導要領の重点課題である言語教育の充実、理数教育の充実等を踏まえた形で新たな教科・領域等の枠組みを構築した。

6つの資質・能力は、学習対象や学習内容等によって、発揮する度合いが異なる。例えば、言語を駆使して伝え合うことが必要な活動ならば【コミュニケーション能力】、相手の立場を考えながら友達と協力することが必要な活動ならば【共生的な態度】が発揮されやすい。子供を見てみると「表現したい」という思いが膨らんだとき、音や造形、身体など多様な表現方法を用いながら、【創造性】を発揮して学ぶ姿があった。また、「解決したい」と本気になったとき、身の回りにある事象から課

題を見いだし、論理的に思考する姿があった。

　こうした事実から、子供の資質・能力の発揮の様相をもとに学習対象や学習内容を整理した新領域が必要と考え、教育課程を6領域に編成したのである。

　さらに、6領域に加えて「学びの時間」を設定した。各領域で学んだことや考えたことを「連絡帳」や「学びのシール」に書き溜めていく。これらを「学びの時間」に振り返って読んだり、KJ法的に分類・整理したりすることで、自分の成長に気付き、自分の学びを確かにしていくことを目的とした。

領域の変遷

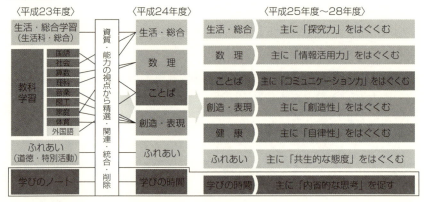

(4) 領域の構造

　私たちは、子供の思いや願いを重視し、体験活動と言語活動を効果的に位置付けながら、6領域と「学びの時間」による教育課程を編成・実施してきた。その中で領域間の構造が明らかになった。本教育課程では、「ふれあい」において、子供の他者認識を深め【共生的な態度】を重点的に育む。この【共生的な態度】が他領域に波及し、協同的に学ぶ

姿として他領域の活動に生きてくる。また、1年間をかけてじっくりと対象と向き合っていく「生活・総合」での追究活動で発揮される【探究力】は、領域をつなぎ、学びを深める推進力となる。例えば、「生活・総合」における豊かな体験が、子供の「知りたい」「学びたい」という意欲を高め、「ことば」における言語活動につながったり、「表したい」「伝えたい」という思いが「創造・表現」の推進力となり、多彩な表現活動や創作活動へと広がったりすることなどである。

教育課程の中核である「生活・総合」と基盤に位置付けている「ふれあい」がそれぞれの領域の機能を果たし、他領域と共振しながら効果的に教育活動を推進するのである。

(5) 体験活動と言語活動のつながり

教育課程を編成・実施するに当たって、体験活動と言語活動のつながりを重視した。子供は、諸感覚を通して、周りの「もの・こと・人」に働きかけ学んでいく。身体全体で学ぶ豊かな体験活動は、子供の感性を揺さぶり、主体的で個性的な学びを生み出す。そして確かな言語活動は、体験したことを振り返りながら、その体験を意味付ける。また、一人一人の思考力や表現力を高め、他者の意見と比較しながら、自己の学びを深める。そして、新たな課題を発見したり、活動の方向を見いだしたりする。

このように豊かな体験活動を確かな学びにつなげる言語活動の充実を通して、学ぶ意味の自覚化を図りながら、子供の思考を深め、新たな活動に向かう意欲を高めている。

❷ 資質・能力を発揮する年間カリキュラム
――3年生の「生活・総合：発見！高田のきらめき」の実践から――

(1) 魅力あるものや人に出会う1年間を構想する

　大手町小学校の学区（高田地区）にあるお店や品物、働く人と関わりを深めながら、その魅力を「高田のきらめき」としてとらえていく。一年間の活動の中で、「高田のきらめき」についての見方や考え方を更新し続ける子供の姿を思い描いた活動である。

　1人の和菓子職人さんと出会わせるところから1年間を構想した。江戸時代の創業から400年以上続く和菓子屋「大杉屋惣兵衛」。翁飴や粟飴などの和菓子を昔ながらの製法で作り続け、四季を演出する美しい練り切りもその一つ。

作品ともいえる一つ一つの品物に職人の技が光る。こうした和菓子を作っているのが、和菓子職人の宮越さん。これらの和菓子や宮越さんと出会うことで、子供たちの心が揺れ動くと考えた。

　子供たちは、地域のもの・こと・人に支えられて暮らしている。だからこそ、宮越さんを始め、地域にあるお店や品物、働く人々と出会い、繰り返し関わることを大切にしようと考えた。活動の中で、子供たちは、「地域の歴史あるお店や手作りの品物のよさ」「働く人の優れた技」「品物に込められた思いやこだわり」などをとらえていく。そして、高田のきらめきについて自分の考えをつくっていくことで、地域を好きに

なっていくと考えた。

(2) 「伝えたい」という思いが資質・能力を発揮させる

　高田のきらめきについて考えを深め、地域を好きになっていく子供たちは、「伝えたい」という思いをもって、自ら必要感のある言語活動を始めた。子供たちの思いの高まりに合わせて、「地域密着生活情報誌まるごと上越！」編集者との出会いを設定し、取材や記事づくりのプロから自分たちの思いを効果的に表現する方法を学ぶ。自分の見つけたきらめきを表現しようと20文字のキャッチフレーズや60文字の本文づくりに本気で挑む子供たち。そこでは、【コミュニケーション力】を発揮し、言葉にこだわり、言葉を吟味しながら推敲を重ねる姿があった。

　また、フリーペーパーとして６万2000部発行される「まるごと上越！」に自分たちの記事が掲載されたことで、反響の大きさを実感し、満足感や充実感を得ていった。それが、次の探究的な活動への原動力となり、「まるごと高田　きらめき☆ブック」というガイドブックの完成につながった。体験活動と言語活動のサイクルが、子供たちの力によって回り続けた結果である。「伝えたい」という思いから「高田をもっと知りたい」「人について調べたい」という主体的で協働的な活動が生まれ、資質・能力を発揮させながら「言葉の吟味」「文章の推敲」「情報の取捨選択」をする子供の姿につながっていった実践となった。

③ 年間カリキュラムを評価する

　大手町小では、1年間をⅤ期に分けて、それぞれの期の特徴から教育活動の重点を設けている。

```
〈Ⅴ期の活動の重点〉
Ⅰ期（4月～5月末）
 ・学年・学級づくりの重視（各学年安
  心スタートプランの実施）
 ・学習習慣の形成
 ・「生活・総合」における体験的な活動
 ・「スポーツフェスティバル」に向け
  た活動
Ⅱ期（5月末～8月）
 ・「生活・総合」における体験的な活
  動（没頭期）
Ⅲ期（9月～10月末）
 ・「生活・総合」における追究的な活動
 ・「大手子どもまつり」に向けた活動
Ⅳ期（10月末～12月）
 ・各領域の学習の充実
Ⅴ期（1月～3月）
 ・各領域の学習の充実
 ・「生活・総合」における主張形成の
  重視
 ・「学びのステージ」「卒業記念発表会」
  に向けた活動
```

　このⅤ期制と活動の重点を活用し、年間カリキュラムを期ごとに評価する。子供の姿、資質・能力の発揮で評価し、成果と課題を洗い出す。そして次期に向けて改善を加えたり、他領域との関連を新たにつくったりする。年間カリキュラムは、つくり続けることで、目の前の子供が資質・能力を発揮するための「今」に寄り添うカリキュラムとなる。次頁に示した当校4年生の4月と9月の年間カリキュラムを比べてみると、評価、修正によって活動がより明確になり、領域同士の関連付けに変化が見られる。
　このように年間カリキュラムはつくり続けることで、資質・能力を発揮させるカリキュラムとなっていく。
　子供が資質・能力を発揮する教育課程の開発は、指導法の開発に偏らない。どう指導したらよいのか？ではなく、子供が資質・能力を発揮するにはどういった教育活動や教育環境を整えていくのがよいかについて考えることである。したがって、子供の姿に学びながら教育課程全体を整えていくことが大切になろう。
　大手町小学校では「ふれあい」領域を基盤に、「生活・総合」領域を

第11章
事例：資質・能力

4年生の視覚的年間カリキュラム

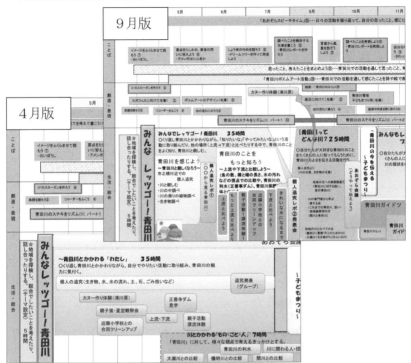

中核に置くことで、資質・能力を発揮する教育課程を実現している。しかし、教育課程は編成するだけでなく、子供の姿を見ながら評価し、運用していくことも重要であると私たちは実感している。

大手町小学校は、これからも子供を中心におき、教育課程について研究を続けていく。当校を訪問の際には、子供の姿を見て、我々の取組みに忌憚のないご意見をいただければ幸いである。

【注】
1) 次期学習指導要領で示されている資質・能力とは異なり、大手町小学校で見いだしてきた子供の力を指す。

事例：資質・能力

「教え」から「学び」への
カリキュラム・マネジメント
——社会人基礎力の育成を目指す探究的な授業モデルの開発——

高知県本山町立嶺北中学校校長
大 谷 俊 彦

1 カリキュラム・マネジメントの重要性

(1) これからの学校教育

　2030年の社会を見据えた教育課程改革として、「資質・能力」「アクティブ・ラーニング」「カリキュラム・マネジメント」「社会に開かれた教育課程」などが、改革のキーワードとして挙げられている。
　「社会に開かれた教育課程」の理論のもと、子供たちに育成すべき資質・能力を総合的に育むためには、学びの量とともに、質や深まりが重要であるとされ、各教科等における習得・活用・探究の学習過程全体を見渡しながら、「主体的な学び」「対話的な学び」「深い学び」の視点に立って「学び全体」を改善していくことが提言されている。そして、各学校においては、「社会に開かれた教育課程」を編成・実施し、子供たちにこれからの時代に必要な資質・能力を育成する教育を実現していくために、カリキュラム・マネジメントが重要であると指摘しているのである。

(2) カリキュラム・マネジメントとは

　カリキュラム・マネジメントという言葉が日本に紹介されたのは、平成10年頃と言われており、学習指導要領の改訂で「総合的な学習の時間」が創設され、各学校が独自で教育課程を編成することが可能となったことに大きく起因している。その後、平成20年の学習指導要領の改訂では、学習指導要領「解説」の中に、カリキュラム・マネジメントが公的な言葉として扱われるようになった。

　「カリキュラム・マネジメント」については、「各学校が、学校の教育目標をよりよく達成するために、組織としてカリキュラムを創り、動かし、変えていく、継続的かつ発展的な、課題解決の営み」(田村、2011)、「カリキュラムを主たる手段として、学校の課題を解決し、教育目標を達成していく営み」(田村、2014) と定義されており、各学校には、カリキュラムを「創り、動かし、変えていく」ことが求められている。

　つまり、カリキュラムの「編成」「実施」「評価」「改善」(PDCAサイクル) を中核に据えて、学校教育の目標の実現を計画的・組織的に図ることと言える。

　カリキュラムと一口に言っても、学校全体、教科・領域、学年、学級など学校で行われる教育的な諸活動が含まれるが、ここでは、学校全体と「総合的な学習の時間」のカリキュラム・マネジメントに焦点を絞り、P→D→C→Aの流れで本校の取組みを紹介したい。

❷ 主題設定の理由　【Ｐ　計画】

　カリキュラム・マネジメントによる学校改革を成功させるために要となるのは、学校の教育目標と研究主題の設定である。それぞれの学校に

は、目指す生徒像が描かれており、その到達点に対して、今の生徒の実態を明らかにすることで、「現状」と「目指す生徒像」のギャップが明らかになる。その差を埋めるための方策や手段を全教職員で考え、研究テーマを導き出していく過程が、学校全体のカリキュラム・マネジメントを実践するうえで最も大切なのである。

本校では、図１に示したように、学校教育目標に「社会人基礎力の育成」を掲げ、本校生徒に育てたい資質・能力として「嶺北ACT（アクト）」を示している。ここには、資質・能力を「Action」「Collaboration」「Thinking」と三つのカテゴリーに分け、それぞれに三つの能力を定めている。本校では、この資質・能力を身に付けた生徒を「目指す生徒像」としている。

本校生徒の実態を見てみると、「言われたことはきちんとできる」「全体的に落ち着いている」「人の話をしっかり聞くことができる」という長所はあるものの、「基礎学力が身に付いていない」「自分に自信がない」「自分の言葉で人に伝える表現力に弱さがある」といった課題が見られる。

「社会人基礎力」に必要な力は何かと考えたとき、「自分で職業選択が可能となる確かな学力」、大学や就職といった人生を決める選抜試験の面接等において、「自分の言葉で自分の思いをアピール

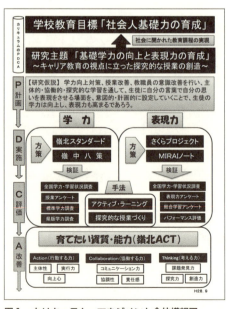

図１　カリキュラム・マネジメント全体構想図

できるコミュニケーション力」がなければ、理想とする社会人や職業人にはなれない。

そこで、本校では、「基礎学力」と「表現力」の二つに焦点を定め、研究主題とすることにした。

❸ 研究の実際 【D 実施】

(1) 基礎学力の向上について

|方策1| 嶺中八策の実施　※「嶺中」とは嶺北中学校の略称

土佐の偉人、坂本龍馬の「船中八策」に準え、図2の「嶺中八策」を策定し、学校全体で組織的に学力向上に取り組んでいる。

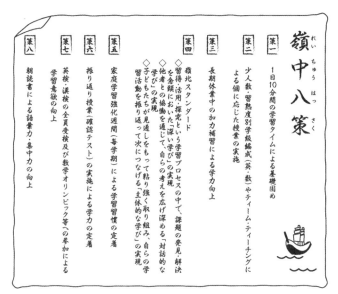

図2　「嶺中八策」

|方策2| アクティブ・ラーニングの視点による授業改善

　一昨年度まで行ってきた「嶺北スタンダード」の良さを生かしながら、昨年度は、アクティブ・ラーニングの視点に立ち、「主体的な学び」「対話的な学び」「深い学び」の過程が実現できるよう、学習指導案の形式を大きく変えて授業改善に取り組んできた。

　学習指導案とは言わず、「探究的な学びの構想を可視化する授業プラン」とタイトルも一新した。ポイントは、①授業内容と「嶺北ACT」との関連を明記し、本校が育てたい資質・能力を常に意識していること、②「主体的な学び」「対話的な学び」「深い学び」にどのようにアプローチしていくかを明記し、それぞれの学びが実現した生徒の姿を事前にイメージすること、③板書計画を示し、授業を構造化することで、思考の可視化につなげること、④わかりやすくA3裏表1枚にコンパクトにまとめていること、にある。

|方策3| 授業アンケートによる教員の意識改革

　本校では一昨年度から教員の意識改革・授業力向上を目的に、全校生徒から、すべての教科で「授業アンケート」を実施している。

　調査時期は毎学期末とし、1～5で「嶺北スタンダード」（探究的な授業の構成要素）

授業についてのアンケート
1　先生は授業の始めに、めあてや見通しを示してくれる。
2　授業中、話し合う活動を通して、自分の考えを深めたり広めたりする時間がある。
3　授業中、発表したり、友達と協力して課題解決したりする場面がある。
4　先生の説明や指導は丁寧でわかりやすい。
5　授業の終わりに、目標が達成できたか学習内容を振り返る場面がある。
6　(各教科) 勉強することは好きである。
7　(各教科) 授業内容はよくわかる。
8　(各教科) 学習は、将来社会に出た時に、役に立つと思う。
9　(各教科) 学習に積極的に取り組み、学力を高める努力をしている。

の実施状況について、6～9で学力の三要素の一つである「学習意欲」を問い、到達目標を各項目80%以上としている。

第11章
事例:資質・能力

図3 探究的な学びの構想を可視化する授業プラン

(2) 表現力の育成について

方策1 総合的な学習の時間のカリキュラム・マネジメント

① 「総合的な学習の時間」の果たす役割

　総合的な学習の時間が導入され15年以上経つのだが、中学校現場では、未だに総合・学活・道徳の区別が十分でなく、学年任せの自由裁量的な体験学習中心でお茶を濁している実態があることは否定できない。

　平成25年12月に文部科学省・国立教育政策研究所から出された「全国学力・学習状況調査報告書」のクロス集計において、B問題（活用）の記述式問題の解答状況を見ると、「授業などで学級やグループで話し合う活動、総合的な学習の時間における探究活動、情報通信技術を活用した協働学習や課題発見・解決型の学習指導を積極的に行った学校の方が、記述式問題の平均正答率が高い傾向が見られた」という調査結果が示されており、総合的な学習の時間の重要性が謳われている。

　本校の目指す「学力の向上」「表現力の育成」を実現するうえで、「総合的な学習の時間」の果たす役割は大きい。そこで、本校では、総合的な学習の時間が本来の趣旨とする「横断的」「探究的」な学習になるよう、今まで行ってきた学習内容を、系統的・発展的に整理することを中心に、全体計画を見直すこととした。

② 総合的な学習の時間を核とした「さくらプロジェクト」

　「さくらプロジェクト」とは、「地域学習」と「キャリア教育」を融合し、総合的な学習の時間を核として、全教育活動を通して、「表現力」を育成していくための系統的な教育活動であり、各学年間のつながりや発展性を考慮し、「自ら課題を探究し、解決する力」「言語により調べたり、まとめたり発表する力」の育成を目指している。

③ 教育計画の見直し …「つなぐ」がキーワード

教育活動を、系統的・発展的に整理し、教育計画全体を見直すためには、活動と活動を「つなぐ」、小・中学校を「つなぐ」、教科や領域を「つなぐ」、学校と地域・社会を「つなぐ」、学年と学年を「つなぐ」、といった「つなぐ」がキーワードとなってくる。

図4 「つなぐ」をキーワードとした総合のグランドデザイン

④ 体験活動の見直しと探究活動 …活動と活動を「つなぐ」

◆第1学年→人と人を「つなぐ」

中1ギャップ解消も見据え、地域に根ざした活動や身近な人と関わる体験を中心に「課題の設定→情報の収集→整理・分析→まとめ・表現」といった探究活動のプロセスを学習する。新聞や劇作りの学習を通して、コミュニケーション力や創造力など、嶺北ACTに掲げている資質・能力についてのベーシックスキルを身に付けていく。

◆第2学年→学校と地域を「つなぐ」

本山町との友好町である北海道の浦臼中学校との学校交流を中心に、本山町や嶺北地域の良さを浦臼中学校の生徒に伝える学習、北海道修学旅行における個人課題の追究、町役場での町長や幹部職員への修学旅行報告会など、自ら情報を集め、整理・分析し、成果を発表するという「探究的な学び」をスパイラルに展開することで、探究力や課題発見力を高めていく。

◆第3学年→学校と社会を「つなぐ」
　地元を離れ、全員が高知市の量販店での販売実習を行う。本山町の商品を売り込むセールス活動、知らない人への接客、仕入れから販売といった経済や流通に関わる学習を通して、地域人としての誇りや責任感、実行力やコミュニケーション力など、「社会人基礎力」の向上に努める。

◆発展性・系統性→学年と学年を「つなぐ」
　学年間の発展性・系統性を考え、中1では、勤労体験等を中心とした「勤労観」の育成、中3では、社会や職業に目を向けた「職業観」の育成に重点を置き、段階的に視野を広げていくようストーリー化を図った。

◆プロフェッショナル講座→学校と社会を「つなぐ」
　本校は都市部と距離的に離れているため、生徒が様々な職業人と身近に出会う機会がほとんどない。そこで、「プロフェッショナル講座」と称して、外部人材・地域人材の積極的な活用を意図的に仕組んでいる。
　東京の新国立劇場合唱団の指導によるオペラ体験、元オリンピック選手による特別授業「トップアスリート『夢先生』」、高知新聞記者による特別授業「新聞記者の仕事とやりがい」「効果的で印象に残る写真の撮り方」など、プロの技から学ぶ多くの講座を開催しており、学校の学びと社会をつなぐことを意識している。

◆校長講話と学校便り→学校と地域・保護者を「つなぐ」
　始業式、終業式などにおける校長講話では、キャリア教育の視点から、人間としての「生き方」についての内容を必ず取り入れている。例えば、ノーベル生理学・医学賞を受賞した山中伸弥教授の「VW (Vision & Work Hard) のすすめ」や、小説家の井上靖さんの「努力する人は希望を語り、怠ける人は不満を語る」などの言葉を取り上げ、その内容を学校便りに掲載し、地域住民や保護者等に配布している。また、話した内容が一過性のものにならないよう、格言や名言などは、常時廊下に

掲示し、生徒の意識に浸透させる工夫も行っている。

⑤ 年間計画「総合（探究的な学習）イメージ図」の作成

本校では、先に述べた総合的な学習の時間における「探究の過程」が繰り返されていく一連の学習活動となるよう、学年ごとに図5のような「総合（探究的な学習）イメージ図」を作成している。この作業を通して、各教員が活動と活動の「つながり」を意識することができ、一年間の「探究的な学び」の見通しをもつことが可能となった。

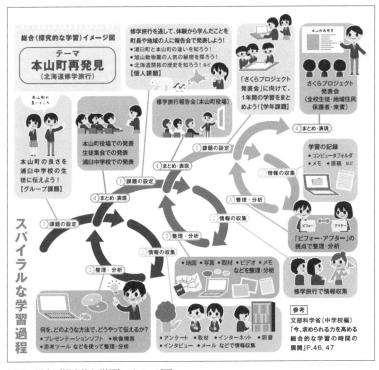

図5　総合（探究的な学習）イメージ図

⑥ PDCAサイクルの活用
　中学校では、各学年団を中心に教育活動が行われることが多いため、総合的な学習の時間については、他の学年がどのように進めているのかなかなか伝わらないことが多い。そこで、PDCAサイクルを活用し、学年と学年を「つなぐ」ために、年度末（3月）には、該当学年が、総合イメージ図に3色の付箋を使って成果と課題、改善策を記入し、次学年にその内容を引き継ぐことにしている。4月には、その付箋が貼られたイメージ図を基に、新しい学年団で年間活動計画を見直し、更に良いものへ発展させるよう工夫改善を行っている。

⑦ 「さくらプロジェクト発表会」の果たす役割
　毎年12月には、「さくらプロジェクト発表会（学習発表会）」を開催し、各学年が総合的な学習の時間の成果を全校生徒や保護者、地域住民の前で披露し、学びの共有化を図っている。上級生が下級生のモデルになることで、上級生に責任感や自信が育まれる。また、下級生が、上級生を学習モデルとしてとらえることは、次のステップへのイメージ化につながる。教員にとっても、学習のゴールをここに置くことで年間計画の「逆向き設計」が可能となる。生徒・教職員全員が忙しい中やり遂げることで、「みんなで創る」という連帯感や協働性が生まれる。さらに、学校の学びを外部に発信することで、様々な声（意見や感想）が聞こえてくる。こうした声が、生徒や教職員に達成感をもたらし、モチベーションの維持につながっている。このように「学校を外に開き、見える化」することは、「外部の風」を取り入れることであり、「社会に開かれた教育課程」を実現するうえで最も大切な視点と考えている。

第11章 事例：資質・能力

方策2　知のツールBOX「MIRAIノート」

　本校では、一昨年の10月から、甲南女子大学教授の村川雅弘氏から紹介いただいた「知の総合化ノート」を参考に、図6のコンセプトのもと、生徒が自分自身と対話しながら、学校と社会の接続を意識し、夢の実現につなげるツールとして「知のツールBOX『MIRAIノート』」に、全校で取り組んでいる。

コンセプト（構想）
- **M** odern　モダンな
- **I** dea　発想で
- **R** esearch　物事を探究し
- **A** ction　自ら行動を起こし
- **I** nnovation　自分の未来を切り拓こう

図6　「MIRAIノート」のコンセプト

【実践の手順】
① 「知」の収集
　生徒は、授業や学校生活全般、家庭生活など日々の学びの中から、「これは将来自分にとって役に立つなぁ」「この話は忘れそうだから書き留めておこう」といった内容を、気付いたときに7.5cm四方の付箋に随時記入し、「MIRAIノート」に「知」を蓄積していく。
② 「知」の整理
　収集した「知」を、「ベン図」や「Yチャート」「座標軸」「マトリクス」などの思考ツールを使って分類し、それぞれにタイトルを付けて整理していく。
③ 「知」の発信
　整理した「知」を作文や短歌、格言や語録、ワークシートなどにまとめ他者に発信する。
④ 「知」の活用
　学んできた「知」を活用し、「自分の生活に」「学校の授業に」「生徒会活動や部活動に」、最終的には「自分の生き方に」生かしていく。

④ 分析と考察 【C 評価】

(1) 基礎学力の向上について

本校では、毎年4月に標準学力調査（東京書籍）を実施している。右の表1は、平成24年〜27年に入学してきた生徒（同一集団）の1年と3年の4月時点での学力（標準偏差値）の推移、伸び率を見たものである。また、図

表1　1年次から3年次への学力の推移

		国語	社会	数学	理科
24年度入学生	1年	28.9	42.1	41.5	43.9
	3年	40.8	46.9	43.8	52.1
	伸び率	+11.7	+4.8	+2.3	+8.2
25年度入学生	1年	39.1	43.5	49.2	46.3
	3年	48.0	55.2	59.6	57.9
	伸び率	+8.9	+11.7	+10.4	+11.6
26年度入学生	1年	45.7	45.8	50.0	47.0
	3年	49.4	53.3	50.5	52.2
	伸び率	+3.7	+7.5	+0.5	+5.2
27年度入学生	1年	50.1	50.7	53.5	53.8
	3年	62.2	63.9	65.7	56.4
	伸び率	+12.1	+13.2	+12.8	+2.6

7は、全国学力・学習状況調査の国・数のA・Bを平均化し、全国との差を見たものである。表1では、1年から3年への学年進行の過程で、全教科で確実に数値を伸ばしていることがわかる。また、図7からは、以前は全国平均を大きく下回っていたが、最近では全国との差を縮め、全国を越すところまで上昇してきたことが読み取れる。また、図8は、過去2年間の1学期末に行った「授業アンケート」から、授業の変容を見たものである。「思考を深めたり広めたりする場の設定」や「発表し、友達と協力して課題を解決する場の設定」という項目では、91％まで上昇しており、授業改善が図られていることがわかる。これは、指導案の中に、「思考する場面」「話し合う場面」「表現する場面」を必ず入れるよう学校で統一したこと、毎学期に授業アンケートの分析を行い、課題

第11章
事例：資質・能力

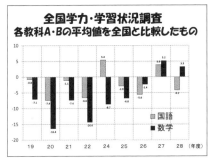

図7　全国学力・学習状況調査結果（全国との比較）

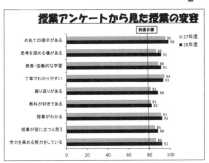

図8　授業アンケートから見た授業の変容

改善に向けて全校で取り組んだ結果と言える。「教え」から「学び」への「アクティブ・ラーニングの視点による授業改善」の取組みが、教員の意識に浸透してきている証である。

(2) 表現力の育成について

　本校では、4年前から「表現力の育成」を目指し、総合的な学習の時間のカリキュラムの抜本改革を行ってきた。総合的な学習の時間の取組みに関しては、各種調査のどの項目においても、全国又は全国上位校と比較して、本校は非常に高い数値を示しており、生徒は総合的な学習の時間の有用性を感じていることが読み取れる。

全国学力・学習状況調査
　○「総合的な学習の時間」では、自分で課題を立てて情報を集め整理して、調べたことを発表するなどの学習活動に取り組んでいますか？【肯定的評価　全国58％→本校94％】
　○「総合的な学習の時間」の授業で学習したことは、普段の生活や社会に出たときに役立つと思いますか？【肯定的評価　全国75％→本校100％】

○１・２年生のときに受けた授業では、生徒の間で話し合う活動をよく行っていたと思いますか？【肯定的評価　全国78％→本校100％】

|総合的学習で育った学力調査|
（日本生活科・総合的学習教育学会代表　村川雅弘教授）
※総合的な学習の実践で全国中学校トップ10と思われる学校の平均値と本校の比較
　○総合的な学習の時間は生きていくうえで大切なことを学んでいると思う。【全国81％→本校93％】
　○総合的な学習は楽しい。【全国75％→本校89％】
　○総合的な学習に一生懸命取り組んでいる。【全国81％→本校93％】
　○教科の学習と総合的な学習はつながっていると感じる。【全国65％→本校82％】

|表現力アンケート|
※本校生徒平成27年１学期と28年１学期の比較
　○友達の前で自分の意見や考えを発表することは得意である。【27年度52％→28年度59％】
　○聞き手に伝わる声の大きさや適切な速さで話すことができる。【27年度68％→28年度80％】
　○意見などを発表するとき、うまく伝わるような話の組み立てを工夫している。【27年度71％→28年度79％】
　○友達に伝えたいことをうまく伝えることができる。【27年度73％→28年度77％】

|「MIRAIノート」による知の発信|

松岡修造語録を参考に、「嶺北語録を作ろう」という学習を行い、各自自分の言葉にまとめた。毎学期、俳句形式や短歌形式、作文等にまとめ、学校の学

【嶺北語録】※抜粋
◇限界という言葉などない。限界というから限界なんだ。
◇入部という種をまき、練習という水をやり、優勝という花を咲かす。
◇一人で解決しようとするな！みんなで考えろ！
◇下を向いて泣くな！上を向いて泣くな！前を向いて笑え！
◇昨日の自分を越えろ！昨日の自分より上に立て！
◇風は何処にだって、誰にだって吹いてくる。

びと社会を結び付ける学習を繰り返し行うことで、生徒の思考力、表現力は確実に向上し、「社会に開かれた教育課程」の具現化が図られている。

❺ 研究の成果と今後の課題 【A 改善】

　中学校の場合、小学校からの学力が大きく影響することから、本校では、全国学力・学習状況調査の結果に一喜一憂するのではなく、1年生からの学力の伸びに着目し、取組みを推進してきた。嶺中八策を始めとする様々な方策が日常のこととして定着してきたことで、成果は確実に出てきている。今後は、目標を高くもち、全国上位校になるために、「チーム嶺北」としての組織的な実行力を構築していきたい。また、授業改善においては、教師主導の「教え」から学習者主導の「学び」へと授業を転換したことで、生徒の学習意欲の向上が見られた。今後は、授業アンケートの設問項目の「教科が好き」と言える生徒を90％以上にしていけるよう、魅力溢れる授業の創造に努めていきたい。
　一方、表現力では、探究的な学習サイクルを活用し、自分の言葉でまとめ・表現する学習を意図的・継続的に行ってきたことで、生徒の話す力・書く力は格段に向上してきた。今後は、「自分の意見や考えを発表することは得意である」と自信をもって言える生徒を増やしていきたい。

❻ カリキュラム・マネジメントの実現に向けて

　「自分の学校の教育目標やスローガンは何ですか？」と聞かれて、教職員や生徒が口を揃えて答えられなければ、学校教育目標を達成していく営みとしてのカリキュラム・マネジメントの実現は難しい。前例踏襲

を改め、以前からの学校経営計画を見直し、目標を精選し、わかりやすくシンプルに教職員に示してきたことで、教職員のベクトルは概ね揃ってきた。また、学級目標や生徒会目標なども、学校教育目標や研究主題を意識した「下位目標」となるよう、教職員と生徒が一緒になって目標設定を行い、PDCAを回してきたことで、学校全体でカリキュラム・マネジメントが意識されるようになってきた。

カリキュラム・マネジメントとは、学校教育目標、目指す生徒像に近付けるために、手立てを計画し、実践し、評価し、改善していく一連の営みである。カリキュラム・マネジメントの意識を生徒・教職員が共有し、理念を明確に示してきたことで、学校は確実に変わってきた。今後も、生徒や教職員一人一人が考えを自由に出し合える学校風土、絶えず改善を図っていこうとするポジティブな学校文化の醸成に向けて、生徒・教職員とともに一歩一歩進んでいきたい。

【参考文献】
◦ 田村知子『実践・カリキュラムマネジメント』ぎょうせい、2011年
◦ 天笠茂『学力を創るカリキュラム経営』ぎょうせい、2011年
◦ 村川雅弘、田村知子、西留安雄『「カリマネ」で学校はここまで変わる！』ぎょうせい、2013年

事例：資質・能力

北条プランによる資質・能力「創時力」を目指した授業づくり

千葉県館山市立北条小学校研究主任

山 下 剛 史

1 北条の目指すもの

(1) 北条教育

　昭和30年代以来本校は「たくましく現代に生きる子どもの育成」という学校教育目標を掲げ、その時代をとらえつつ、常に子どもを中心として社会の未来像を描いたうえで教育を進めてきた。また、かつての生活教育の理念（＝子どもは、生活によってのみ育成される。学校や地域社会は、子どもの生活の場であり、仕事場である。したがって教育内容には子どもの現代社会から生活そのものを取り出し、その原則をもって、生きた内容構成をなさねばならない）において、「教科があって、教育があるのではなく、生活があって教育があるのだ」と謳っているように、子どもの生活を重視した教育の在り方を模索してきた。

　本校には、子どもの生活を重視した学習の一つとして統合学習がある。統合学習とは、人、自然、社会、文化との関わりの中で、子どもが自ら企画し、その実現のために体験や教科等で得た知識・技能を生活の場で統合し、こだわりをもった追究や共感し合う一連の活動を重ねて、

たくましく、より感性豊かに成長することを
ねらいとした学習である。このような学習を
北条教育の核としてきた。現在も、子ども一
人一人の生活から湧き出た思いや願いを大切
にした教育を推進している。

しかし、子どもを取り巻く様々な状況が多
様化している。それでも、その渦中で生きて
いる子どもたちが見せる様々な姿に今までの
教育の成果を感じるとともに、そこには、今
後へ向けた課題を常に問い続け、研究し続け
る教師集団がいる。私たちは、常に子どもを
取り巻く「現代」を見つめ直し、そして、そ
こでもとめられるべき「たくましさ」を追究
して、その時代に合った研究テーマを設定してきた。

北条教育における統合と教科の関係図

❷ 「創時力」の育成

(1) 創時力 = 未来を自分で創っていく力

本校の考える「たくましさ」を支えるのは、自分たちが生活、社会を
創っていくのだという当事者意識である。「未来は変えることができる」
ことを信じ、実践を積み重ねていくことが北条小の研究である。さら
に、「自分の思い描く未来を実現したい」という願いや「壁にぶつかっ
ても未来を切り拓いていこう」とする意志、その願いや意志を実現でき
る能力も必要である。このような未来を自分で創っていくために必要な
思い・意志・知識・技能・能力などすべてをひとまとめにしたものを

「創時力」と定義し、本校の研究主題を「『創時力』の育成」とした。
　なお、本校の研究の対象は、その「創時力」を統合や教科等、学校生活全般の中で育成する教育活動そのものであり、その教育活動を通して、子どもの実態の改善、向上を目指している。

(2) 「創時力」の核をなす力

　私たちはこの「創時力」を育むために、特に3つの力の向上に力を入れている。
① 既習事項や生活経験、既成概念から心にわきあがった様々な考えを統合させて、新たな考えを生み出す力。
② 様々な情報、考えや意見等を受容的立場や批判的立場で検討したり、ものごとを多面的・多角的に見たりすることで物事の全体像をとらえる力。
③ 困難があろうとも、自分で決めたことを強い意志で実行する力・実現する力。
　以上の3つの力を自分も他者も高め合うつながりの中で育んでいく。

❸ 「創時力」の育成を目指す北条プラン(カリキュラム)

　北条小には「北条プラン」がある。学校の教育計画や教科・領域の指導計画等を含む北条小独自の広義のカリキュラムを「北条プラン」と呼んでいる。昭和37年に完成した「北条プランⅠ」はそのスタートであり、平成27年度には「創時力の育成」の研究テーマの下、第14回公開研究会を開催し、「北条プランⅪ」へと深化発展をさせた。
　しかし、これらはあくまでも通過点であり、その時代をとらえつつ、

常に子どもを中心として社会の未来像を描いた北条教育において、北条プランの完成はない。プランⅪの完成は、すなわちプランⅫへのスタートと同義である。完成したプランⅪを基に平素の授業実践がなされ、それらは常に検討、改善される。そこには、開発的実践も必要である。そこで、北条小の職員集団には、個々の想いを大切にした、個性的な実践が望まれている。自らを高めることのできる個性的な教師の実践が、やがて平準化されていくことで、全体のレベルアップへとつながっていく。「突出した実践→平準化」この繰り返しによって、次のプランへと発展していく。現在もそのスタンスで、プランⅫに向けて、日々授業実践、授業改善がなされている。

「創時力」を目指した授業実践 第５学年統合「館山キラリ計画」

(1) ねらい

　○我が町館山をよりグローバルな考えをもって見つめ直し、愛着をもつことができる子を育てる。
　○館山の未来像を創造し、これからの館山への期待と希望をもち、計画的に追究ができる。
　○追究した内容をよりわかりやすく伝える工夫を考え、自分の思いや仲間との考えを表現することができる。

(2) 教師の想い

未来を創る当事者を生みだす統合・館山の未来を考える北条っ子

　今、目の前にいる子どもたちは、将来、日本の社会の形成者となる。その子どもたちに今、私たちができることは何だろう。そう考えた時に、子どもたちが将来生き抜いていく力を育てることが大切である。「未来は待つものではなく、自分から創るものだ」という本校の研究理念からも、今の生活の中から学んだことをこれからの将来に役立てる「生活知」を豊かに養うものが統合学習である。

　本実践の軸に「館山市再発見」というプランを設定した。このプランはこれまで、館山市の特色や魅力を調べ、我が町を見直し、愛着をもつことをねらいとしてきた。本実践は、そこに留まることなく、自分から行動を起こし、地域に働きかけることまでをねらいとした。この実践力こそ、「未来を創る当事者」としての意識を大きく育てる。北条で学んだすべてがその子の人生の大きな糧となって欲しいと考えた。

(3) 手立て

① 未来を具体的に思い浮かべ、今と将来の社会への主体的な働きかけを大切にする。

　まず、自分たちの地域社会を理解するために、館山市の現状について話し合いをした。今の館山市の良さや改善点を見いだすことができた。このように、自分だけで考えるのではなく、学級全体で話し合うことで、様々な意見から、より広い視野に立って、新たに自分なりの思いを再構築できると考えた。そして、「どんな館山市になってほしいのか」を話し合った。この話し合いが、「館山キラリ計画」の出発点になった。

② 多くのつながりを大切にするために、「個の深まりから集団へ、集団から個の追究へ」を大切にする。

統合学習には、「個人追究型学習」と「集団追究型学習」の時間がある。個々のテーマ設定力をより確かなものにするために全学年に「個人追究型学習」を位置付けている。「集団追究型学習」は、クラスや学年を単位とした学習である。テーマ設定から解決までを集団で行うことで、解決した時の充実感や達成感のみならず協力することの難しさや大切さを経験から学ぶことができる。

今の館山市の様子やこれからの課題が明確になったところで、個人追究の時間を確保した。仲間とともに話し合い、見えてきた課題の解決方法をより具体化するために、個人追究を行う。この時間を確保することで、もう一度自分で館山市について考え、どうしたら館山の未来に自分が関わっていけるのか考えることは、この学習の大きなポイントである。そして、各自のテーマや追究内容を伝え合う場を設け、互いの個性や自分との共通点、違いなどを見つめることができた。

個人で追究したのち、同じ考えをもつ仲間とともに広い視野で館山市の将来について考えていった。今回は、「学級」という集団ではなく、「学年」という集団により、大きな集団で自分の思いを追究し、具現化させることにした。そこでは、子どもたちは自分と仲間が影響を与え合ったことに気付き、新たな考え方の中で自分なりの思いを模索しながら、将来像がより明確になっていった。また、ともに努力したり、成長したりしたことを認め合うこともできた。

次に、仲間とともに考えてきたことを、学年全体で共有する場を設けた。どのグループがどのような館山を創造し、話し合ってきたか知り、自分自身でもう一度振り返る場に生かすためである。この最終発表では、全体での話し合いを二回設けている。一回目は、発表の感想や意見を話し合う。その後、グループごとに自分たちのテーマと関わりのある

アドバイザーと意見交換する。そして、もう一度全体で話し合う。話し合いを二回設定したのは、アドバイザーと意見交換を経て、深まりのある話し合いを期待したからである。館山市への熱い思いをアドバイザーへ伝えてほしいと考えた。

③ 子ども自身の「振り返り」を大切にしながら、活動全体で評価する。

今回の統合学習は、学級という枠を超え、学年全体で追究していった。そのため、学級という枠を超えた集団追究型学習である。この学習形態では、担任がその子どものすべてを評価することは難しい。そこで、ワークシート等を利用して、個人の振り返りを大切にした。自分自身の活動の歩みを自分なりに評価していくことを重視した。また、教師の情報交換を密にしながら、子どもたちに教師が寄り添いながら、子どもたちの活動を見守っていった。そして、教師自身もその学習に喜びや楽しさを感じながら、館山市への思いを膨らませていった。一見、無駄に見える時間も、子どもにとっては自分自身の活動を進めるとても重要な時間となった。そこを経ることで、子ども自身にとっても確かな変容の自覚を期待した。だからこそ、1単位時間の中で子どもの活動の善し悪しを評価するのではなく、活動全体を通してとらえる必要があると考えた。

(4) 子どもの活動の姿

夏休み前から個人追究してきたテーマを、夏休み後に類する考えをもつ仲間とともに「観光」「自然」「文化・産業・歴史」「館山商店街」「食」というグループを作り、グループで更に発展させたテーマを設定し追究していった。

① 「観光」グループ
・観光客に来てもらうために、海に棲んでいる生き物を広めよう。
・花火大会を有名にしよう！

・参加者を増やすためのアイディアを考えて、わかしおマラソンを有名にしよう。　など

② 「自然」グループ
・EM菌を使って館山の川や海をきれいに！
・魚のカーニバル海底トンネルを館山に創ろう！
・花の公園、蜂蜜ろうそくを創ろう！　など

③ 「文化・産業・歴史」グループ
・唐ざん織や房州うちわをたくさんの人に知ってもらおう！
・有名マップと八犬伝顔出しパネルで、お客さんに楽しんでもらおう！
・館山の祭りをみんなに楽しんでもらおう！　など

④ 「館山商店街」グループ
・商店街に新たなイベントを提案！　昔のにぎやかさを取り戻そう！
・ジオラマで銀座商店街を知り尽くそう！
・商店街リポートチャンネル　など

⑤ 「食」グループ
・地域の食材を活かしたオリジナル弁当を創ろう！

模型を用いての提案の様子

子どもたちが作成した里見八犬伝の顔出しパネル

実演をしながらの提案の様子

第11章
事例：資質・能力

→それぞれが個人追究してきた「食」に関して、中間発表会を通して子どもたちは「館山には自慢できるような素晴らしい食材がたくさんある」ということに気付いた。「それらの食材をすべて網羅し、アピールする方法はないか」集団追究学習の中で生まれたものが「館キラ弁当」だった。地域の飲食店に協力を得て、実際に弁当を作成販売するまでに至った。

　子どもたちは「どうしたら館山の長所をもっと活かせるか」「どうしたら自分たちの思いや考えが聞き手に伝わるか」を考え、当日まで準備してきた。それぞれのグループは、写真や模型、創作した作品などを使い提案を行った。
　提案当日の子どもたちの緊張した面持ち。それは、見られる緊張感よりも、自分たちの提案を大勢の大人に聞いてもらえるワクワク感からだった。「自分たちの提案することが、もしかしたら実現するかもしれない！」子どもたちの目はキラキラ輝いていた。
　その提案を聞いた参観者から質問や意見が出る中、自分たちが調べてきたこと、考えたことを友だちと相談し応答する姿が見られた。また、その場で教えていただいたことを前向きに取り入れ、館山の未来について考えることができた。
　学習の終末に設定した座談会では、「僕たちの考えたイベントはできそうですか？」「作ったポスターを置いてもらうことはできますか？」など、提案結果について質問する子どもが多かった。「おもしろいですね！」との

地元の食材で作られた子供たちの考案した弁当

ゲストティーチャーの返答に、思わずお互いに顔を見合わせてにっこり笑い合う姿は、何とも言えない達成感を感じているようだった。

発表会当日に配られた「館キラ弁当」や発表会をきっかけに地域で採用され、使用されたオリジナル商店街パンフレットや里見八犬伝顔出しパネルは、小さいことかもしれないが、子どもたちにとっては大きい、「館山の未来を創った」姿であった。

これからも研究を進め、北条教育を進化発展させることで、より高い次元の「創時力」をもった子どもを育てていきたい。

事例：主体的・対話的で深い学び

21世紀グローバル社会に必要な、豊かに学び合う力の育成
――教科等を貫く自主的学習力を育成し、活用するカリキュラムの開発――

横浜市立白幡小学校校長

関 谷 道 代

 本校の学校教育目標を示したグランドデザイン

　3月に告示された学習指導要領が、小学校では平成32年度から全面実施となる。それに向けて、本校でも国の動向を踏まえたカリキュラム作りに取り組んでいる。学習指導要領とは、「大きな方向性を各学校の日々の授業のいたるところにつなぐ役割である」と考えている。10年後にどんな世界が待っているのか誰も予測できないという先行き不透明な時代を生き抜いていくために、子供たちには、自ら課題を発見し、周囲と協力して解決策を探究できる人になってもらいたいと強く期待している。

　そこで、学校教育目標を「たくましく生き抜いていく子ども」と設定した。心身ともに健康で豊かな心情をもち、自分の言葉で語る実践力のあるたくましい子供の育成を目指す。そのためには、今回の学習指導要領の改訂で強調されている「社会に開かれた教育課程」を実現させる仕組みが必要である。

本校がまず着手したことは、すべての教育活動や学習環境が学校教育目標に向かう「グランドデザイン」を作成したことであり、さらに、教職員や保護者・地域の方々に日々意見をいただきながら随時更新していくことである。その過程は、本校に関わるすべての人が、日々学校教育目標に立ち戻り、現在の教育活動を見直していくPDCAを自ずと行うことになる。

　このグランドデザインの特徴は、大きく二つの運営組織を盛り込んでいることである。運営組織が、学力と人間関係力をつけるために主体的・対話的で深い学びになる授業づくり、ひいては、人材育成に広がっていくと考えるからである。

　一つ目は「地域参画コミュニティ型学校運営」である。地域や企業連携を図る際、常に気を付けていることは、関わりが継続したものになるよう見通しをもつことである。また、子供の主体的な学習となる授業づくりという観点から、企業とともに創り上げていくものであるという発想である。例えばプログラミング教育に関して、この活動でどんな力をつけたいのか、そのためにどんな学習のストーリーが展開されていくか、本気で企業とともに悩み考えるという教師の姿勢によって成り立っている。そこで得られるものは、教師の授業力向上に他ならない。

　二つ目は「プロジェクト型学校運営」である。ミドルリーダーに「知・徳・体・公・開」に準じた五つのプロジェクトリーダーとして創意工夫した活動を任せるダイナミックな組織運営である。企業連携を図りながらスポーツクラブとの連携で体力向上を図った取組みや、地域の方々と連携した土曜塾の運営など、学校だけでは到底実現できない夢のような活動が日々展開され、人材育成としても効果がある。

　学習指導要領で示された大きな方向性を本校の日々の教育活動のいたるところにつなぎ、学校のチーム力を高めていくよりどころとなると考える。

第11章
事例：主体的・対話的で深い学び

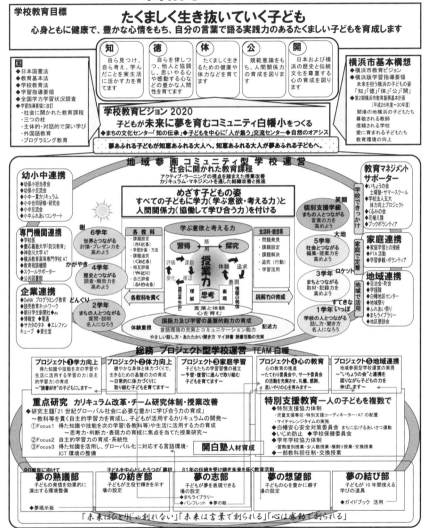

２ 研究テーマ──その経緯とねらい──

　研究テーマを「21世紀グローバル社会に必要な、豊かに学び合う力の育成」と設定した。思考力・判断力・表現力の育成のためには、児童が協働的に問題点を発見したり、グループでコミュニケーションを取ったりしながら、知を再構築していくプロセスを重視していくことが大切である。そのために、論理的思考の語彙の獲得をしつつ、教科横断的なとらえで授業づくりを実践研究していく必要がある。
　そこで、副題を「教科等を貫く自主的学習力を育成し、活用するカリキュラムの開発」とした。
　学校として大事にしていることを共通理解して実践することで、教職員が毎年入れ替わろうとも持続可能な子供の学びの蓄積を実現することができる。本校は、前京都女子大学教授井上一郎先生からのご指導の下、過去数年にわたって取り組み続けている学びの基本を継続している。これから紹介することは、決して目新しいことではない。しかし、「みんなで決めて、みんなでやる」ことが大切であり、みんなで共通理解して継続することに価値がある。実際のところ、子供の力が系統立てられているよさと、担任が替わっても「学校の力」として継続しているよさを実感している。

３ 授業の基本

　授業のスタイルを次のように学校全体で共有して進めている。
　(1)指導者にとっての指導事項と評価が、子供にとっての学習課題と振

り返りと一致していること
(2)つけたい力にふさわしい言語活動を位置付けること
(3)言語活動が課題解決の過程となること
(4)学習活動に、思考操作と言語操作を位置付けること
これらを基本として、以下の具体的な方法を紹介する。

○　単元構成

第一次	豊かな導入	○先行知識の想起と分析が必要
第二次	課題解決的な学習	○「比べて〜する」「〜に分類する」など思考操作が入る目標の設定 ○思考操作をワークシートや板書で可視化・構造化する
第三次	交流・自己評価・相互評価 発展学習や次の学習への広がり	○子どもの振り返りで「活用できる知識や技能・学び方」をワークシートに記述したり、チェックシートで確認したりする

○　一単位時間の展開

指導者	流れ	学習者
○学習課題と方法を明確に示す	きりとる	○学習の目的や課題や進め方が分かる
○個に発揮される言語能力の状況の把握 ○個に応じた指導の手立て	くみとる	○理解してきたことや学習方法や手立ての確認 ○自分の考えをもつ
○言語能力の定着状況の把握 ○個のつまずきの発見と指導 ○子どもの気付きや発見の把握	やりとりをする	○ペア・グループでのやり取りをする
○子どもの目標への実現状況と達成状況の把握 ○次時への授業改善 ○「子どもの自己評価が本時目標に沿ったものか」「子どもの自己評価」による客観的な授業評価	ふりかえる	○足りないことが分かる ○次にやりたいことが生まれる ○分かったことやできるようになったことをチェックシートや一行日記や発言等で表出する

○　思考操作と言語操作を組み合わせる

　思考操作とは、見えないものを見えるようにすることにより、自分の

考えていることをメタ認知するための操作である。自分の思考の変化も認識できる。言語操作とは、思考操作を助けるための具体的な言い方である。これらを組み合わせることで、効果的に作用する。

流れ	思考操作	言語操作
きりとる	自分の考えを整理する	
くみとる （一人で）	見つける　選ぶ　思い浮かべる　書き換える	
やりとりをする （ペアで） （グループで）	並べる　　　　　貼る つなげる 比べる　　　　　くくる 照らし合わせる 分ける　　　　　結ぶ 取捨選択する 関連付ける　　　まとめる 統合する　　　　整理する	○質問・応答する 　「質問があります」 　「詳しく教えてください」 ○共通点・相違点を見つける 　「同じところは…」 　「違うところは…」 ○理由や根拠を説明する、付け足す 　「その理由は、なぜなら…」 　「一つ目は、…」「二つ目は、…」 　「さらに」「つまり」「付け足すと」 ○立場を明確にして意見を述べる 　「○○さんの意見と同じで…」 　「○○さんの意見と少し違って…」 ○考えをまとめる 　「このように…」「だから…」 　「考えをまとめると…」
ふりかえる （全体へ）	結論（考えのまとめ）を発表し、全体でのやりとりに生かす	

第11章
事例：主体的・対話的で深い学び

○ 学習シート
　（ワークシート・ポイントシート・チェックシート・語彙表）

ワークシート ——思考の流れを見えるようにするもの——

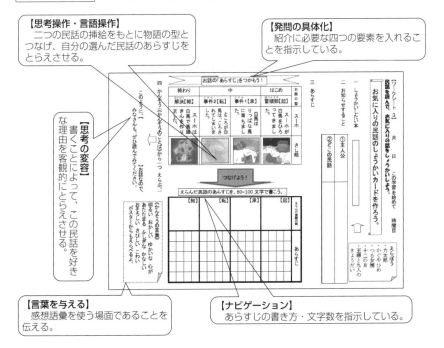

【思考操作・言語操作】
　二つの民話の挿絵をもとに物語の型とつなげ、自分の選んだ民話のあらすじをとらえさせる。

【発問の具体化】
　紹介に必要な四つの要素を入れることを指示している。

【思考の変容】
　書くことによって、この民話を好きな理由を客観的にとらえさせる。

【言葉を与える】
　感想語彙を使う場面であることを伝える。

【ナビゲーション】
　あらすじの書き方・文字数を指示している。

ポイントシート ——知識・技能を常に活用できるものにするもの——
　日常の中で繰り返し活用できるよう、子供とともに学習したことのポイントを「○○のこつ」「○○名人の3か条」などとまとめることで、子供の言葉として整理し、常に活用できるよう掲示している。

子供の実態に合った**ポイントシート**の掲示（教室）

思考操作の具体的な
活用場面がわかる掲示
（廊下）

　これは、一人一人ファイルとして蓄積し、自ら必要と思った場面で見られるようにしているが、今の段階では、索引がない状態で探し出すという状況のため、今後、カリキュラムと連動し、子供が必要と思ったところで必要なポイントシートを探し出せるリストを開発したい。
　また自主的学習力を育成するためのカリキュラムの軸を整え、学校全体がカリキュラムという発想で児童、家庭、地域にもわかるように学んだことを掲示物やファイルにして可視化し、環境整備にも取り組んでいる。

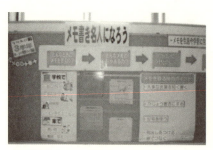
メモ書き名人になるためのこつがわかる掲示
（廊下）

学んだことを互いに伝え合う掲示（階段の踊場）

第11章
事例：主体的・対話的で深い学び

チェックシート　　　　　　　　　語彙表

習得したことを自己評価する

感想や紹介などの言葉を豊かにし、表現に活かす

○　思考を整理するホワイトボード

　子供に自分の思考の変化が見えるように、様々なフレームで活用できるようになっている。

グループで意見を出し合い、一つにまとめるフレーム

ふせんを動かし、分類整理するフレーム

○ 黒板マグネットで見通しをもたせる

　学習の進め方や学習の形態を明確にする。

やりとりする きりとる といった学習の流れが可視化され見通しがもてるマグネット

くらべる という思考操作を行うことが意識付けられるマグネット

○ 児童による司会と板書

　型を覚えて安心して進めることができる司会から、問題解決のプロセスをどう切り抜けていくかを考える子供を育てたい。「進行」から「司会」を育て、「進める」から「解決する」ために考える司会を期待している。さらに、意見をそのまま板書するのでなく、意見と意見を 関連付け たり、 統合して 、結論に導いたりする児童がさらに増えていくよう指導していく。

❹ これからの課題

　今後も研究を進めるうえで大切にしたいことが二点ある。
　まず一つ目は、引き続き、地道に基礎学力をしっかり身に付けさせること。教科特有の力を身に付けるために、地に足の着いた授業を地道に行うことが一番の基本である。使える力を身に付けた子供は、使いたいときに必要な知識を使うことで前に進むことができる。必要な材料が整っていれば、やりたいことができる、学びたいことが学べるサイクルは学ぶ意欲をさらに高めていく。
　二つ目は、各教科で指導しながら、他の教科でも応用できることを常に意識した指導をすること。教科横断的に使える力、汎用的に使える力を身に付けさせることは、どんな困難な出来事に出会っても、何が問題なのかを明確にし、じっくり一人で考え、友達と話し合い、自分と違う考えを聞いて、自分の考えをよりよいものにしていくプロセスをさらに豊かなものにしていく。
　自分で考え、問題解決を何度も繰り返していくうちに学ぶことが面白くなってきて、やる気が出てくる。解決するための知識をさらに主体的に手に入れたいと欲が出てくる。世界が広がる。これら全体を資質・能力ととらえ、本校では、子供が主体的に学習を進めるための教科等を貫く基盤となる力の定着を目指している。そのために、授業実践を通して「教科等を貫く自主的学習力」のカリキュラムを整理し、指導者も学習者も主体的に活用できるスキルリストを作成しているところである。
　今後も、重点研究会や学年研究会を通した共同研究をグランドデザインの中心に据え、学び合う同僚性、実践力を高めることを組織的に行い、「たくましく生き抜いていく子供」を育てていきたいと強く思う。

事例：主体的・対話的で深い学び

協調学習の取組み

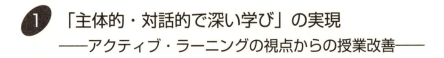

① 「主体的・対話的で深い学び」の実現
――アクティブ・ラーニングの視点からの授業改善――

　今回の学習指導要領の改訂では、「主体的・対話的で深い学び」の実現を目指している。「主体的」とは自ら学ぶこと。「対話的」とはともに学ぶこと。そして、「深い学び」とは表面的な知識の獲得ではなく、知識と他のものとの関連性を見いだし、自らそれを使えるような汎用性の高い知識を得ることを指す。
　本校が研究している協調学習を引き起こす「知識構成型ジグソー法」というのは、次期学習指導要領の改訂に向けて関心が高まっている主体的・対話的で深い学びを一人一人にいかに実現するかというアクティブ・ラーニングの授業改善の視点と重なっている。

② 協調学習と知識構成型ジグソー法について

　知識構成型ジグソー法による協調学習を提唱された東京大学大学発教

育支援コンソーシアム推進機構（通称 CoREF）の三宅なほみ先生によると、「今までのように『今ここ』で教えたことが教えた通りにできればよいのではなく、将来学んだことを教室から『持ち出して』、必要になった時にきちんとその場の要請に合わせて『うまく使えて』、さらにはその学びの土台に、次の学びを『積み上げて発展させる』ことができるような学びが求められている。その中では、自分で言うべきことを考え出して人に伝える『コミュニケーション能力』、人と話し合って自分の考えを進める『コラボレーション能力』、これまで知っていたことや他の人のアイデアを様々に組み合わせて新しいものの見方を作り出す『イノベーション能力』など、21世紀型と呼ばれるスキル学習も含まれている」とされる。

　こういう、本人が一生の資産にできるような学びは、本人の納得づくで、本人自身が作り上げたものでなければならないことが少しずつわかってきている。学びの成果が、本人自身納得できる本人自身の「ことば」で表現されることの大切さも、これまで以上にはっきりしてきた。だとしたら、そのような学びを、すべての人について可能にしそうな基盤をまず探さなくてはならない。そういう認知科学的な基盤の一つが、協調的学習と呼ばれる学びの仕組みである（2012、p. 2）。

　そこで、協調学習や知識構成型ジグソー法を次のようにとらえた。

(1) 協調学習は何のためにあるのか？

　「コミュニケーション能力（伝えたいことをつくりだす力）」「コラボレーション能力（話し合って考えを少しずつよくできる力）」「イノベーション能力（違う考えを統合して試みる力）」という3つの力を育成するためにある。

(2) 協調学習はどんな学習なのか？

　学習者が共有した課題について自分なりの考えを相手に説明したり、相手の考えを聞いたりしながら、自分の考えを比較・吟味・修正して、より質の高いものにする学習である。

(3) 知識構成型ジグソー法とはどんなものなのか？

　協調学習を教室で引き起こすために、東京大学大学発教育支援コンソーシアム推進機構が提唱しているのが、3つの異なる考えを組み合わせて課題をみんなで解決する学習方法「知識構成型ジグソー法」である。

　①：「問い」の設定
　一人一人が、まず自分で考えて「問い」に対する答えをつくる。

　②：エキスパート活動
　問いに対する答えを出すために必要な資料（ある視点）を読み合うグループに分かれ、資料をもとに話し合う。

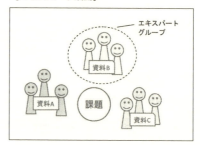
【エキスパート活動】

　③：ジグソー活動
　各エキスパートグループを解体し、新しいグループをつくる。担当した資料について説明し合い、問いに対する最初の答えを出す。
　他のメンバーの説明を聞き自分が担当した資料との関連や共通点を考える中で、資料についての理解を深

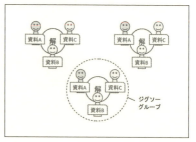
【ジグソー活動】

めることができる。「問い」に対する答えを出す。

④：クロストーク

ジグソー活動で出た答えを、根拠をもとにクラス全体に発表し、互いの答えとその根拠について検討する。ここで出される答えは同じものがあっても、その根拠の説明は少し

【クロストーク】

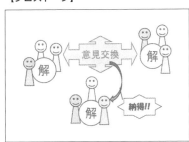

ずつ違うので、その違いを通して、クラスの一人一人が自分なりの納得のいく答えを出す。

❸ 知識構成型ジグソー法を用いた協調学習の実際

●第3学年算数科学習
―― 単元「1けたをかけるかけ算の筆算」――

授業のねらい（教科としてのねらい、児童に期待する学習など）

限定された数字から決められた条件にあった問題をつくり出し、乗法の筆算を正しくおこなうことができる。また、試行錯誤しながら、「乗数」や「被乗数」が大きくなれば積も大きくなる、「乗数」や「被乗数」が小さくなれば積も小さくなるという計算の原理に気付き、数の大きさに対する見方を深め問題解決を図ることができる。【A数と計算(3)乗法イ・ウ)】

|授業の柱となる課題（ジグソー活動で取り組む課題）|

　□□□　　4つの□に、3 4 5 6 の数字を1つずつ入れ
　×　□　　て、答えが一番大きくなる問題、答えが一番小さくなる問
　―――　　題をつくって計算しましょう。また、どのように考えたの
かせつめいしましょう。

|課題に対して出してほしい答え|
（課題について児童に語ってほしいストーリー）

○　答えが一番大きくなるためには、「かける数」を最も大きい数 6 にする。次に、「かけられる数」を、6 を除いた数の中で最大の数 5 4 3 にするとよい。

○　答えが一番小さくなるためには、「かける数」を最も小さい数 3 にする。次に、「かけられる数」を 3 を除いた数の中で最小の数 4 5 6 にするとよい。

○　「かける数」を最も大きい 6 にするわけは、「かける数」が 5 のときより十の位・一の位にかけたときに 6 の方が大きくなるから。

○　「かける数」を最も小さい 3 にするわけは、「かける数」が 4 のときより十の位・一の位にかけたときに 3 の方が小さくなるから。

|各エキスパート活動のポイント|
（各エキスパートの資料内容・課題・つかんでほしいキーワードなど）

エキスパートA：九九の表から答えが大きいかけ算や答えが小さいかけ
　　　　　　　算を見つける。
エキスパートB：2 3 4 の3つの数字を使って、(2けた)×(1
　　　　　　　けた)で答えが一番大きくなる問題・二番目に大きく
　　　　　　　なる問題を考える。
エキスパートC：2 3 4 の3つの数字を使って、(2けた)×(1
　　　　　　　けた)で答えが一番小さくなる問題・二番目に小さく
　　　　　　　なる問題を考える。

第11章 事例：主体的・対話的で深い学び

ジグソー活動（クロストーク）のポイント

〈ジグソー活動〉　エキスパート活動で学んだ考え方を生かして乗数・被乗数の大きさに着目して、積が最大になる式、最小になる式を考える。

〈クロストーク〉　条件に合う問題をつくるためには、乗数を最大・最小の数にして、次に、乗数を除いた数字を使って被乗数を最大・最小にすることを、部分積を比較することで明らかにしていく。

【学習の実際・研究の手立てと関連】

エキスパート活動

ジグソー活動

クロストーク

各ジグソーグループの考え

④ 考察

【着眼1：評価について】
　本時は、「乗数」や「被乗数」が大きくなれば積も大きくなる、「乗数」や「被乗数」が小さくなれば積も小さくなるという計算の原理に基づき問題解決を図ることができるかという観点から評価規準を設定した。
　「どのように考えたのか説明しましょう」という問いが子供たちにとって曖昧だった。ここは、「かける数、かけられる数の大きさについて説明しましょう」と表記すべきだった。C評価の子供の多くは、最大・最小の問題をつくることができていて、乗数（かける数）についても説明しているが、被乗数（かけられる数）についての表記が不十分だった。教師がゴールを明確にして、どのように書かせたいか言わせたいかをしっかりもつ必要があった。適用問題では、$\boxed{6}$ $\boxed{4}$ $\boxed{9}$ $\boxed{7}$ と不連続な数字を使って解かせた。最大になる問題 $\boxed{7}$ $\boxed{6}$ $\boxed{4}$ × $\boxed{9}$ = 6876 の正答率80％、最小になる問題 $\boxed{6}$ $\boxed{7}$ $\boxed{9}$ × $\boxed{4}$ = 2716 の正答率77％であった。

〈学習前・学習後の変容〉

	学習前	学習後
A	0%	62%
B	13%	20%
C	87%	18%

第11章
事例：主体的・対話的で深い学び

　この結果からＡ・Ｂ評価の子供たちは、不連続な数字になっても乗数・被乗数の大きさに着目して問題が解けたと考えられる。

【着眼２：「活用型の問題」による課題設定】
　子供たちは、前時までに（２位数）・（３位数）×（１位数）の筆算の計算の仕方を身に付けてきている。本時では、百の位・十の位・一の位それぞれの部分積を求めその部分積の和が答えであるという計算原理と対応させながら理解を図っていく課題設定を行った。学習前、最大になる問題を543×6と答えた子供もいたが、643×5と被乗数の百の位を大きくする、654×3と数の大きい順に並べるなどの考えが多く見られた。最小になる問題では無答が多く、あとは345×6と数の小さい順に並べる考えが見られた。子供たちの学習前の考え方から見ても、本時の課題は、子供たちにとって、やや難易度の高い抵抗感のある問題だったと考えられる。

　問題を解決するためのエキスパート活動を次のように設定した。

エキスパートＡ：九九の表から乗数・被乗数が大きいと積が大きくなる、乗数・被乗数が小さいと積が小さくなることに着目させた。

エキスパートＢ・Ｃ：（３けた）×（１けた）の課題につながる（２けた）×（１けた）で積が大きくなる・小さくなる場合を考えさせ、乗数・被乗数の大きさに着目させた。

　ジグソー活動では、自分たちなりの表現でどのように考えたかまとめていくことができた。

　クロストークでは、筆算は部分積の和が答えになっている原理から乗数を先に決める必要性について全体で考えることができた。

5 成果と課題

(1) 成 果

【着眼1：評価について】
○ 評価規準を設定したことで、学習前と学習後でどのように変容したかを見取ることができた。

【着眼2：「活用型の問題」による課題設定について】
○ 子供たちにとってハードルの高い問題を設定することで、「すぐには解決できそうにない、エキスパート活動でヒントを学ぼう」「友だちと話し合って解決しよう」などしようとする意欲を高めることができた。

(2) 課 題

【着眼1：評価について】
○ 評価規準の設定をどうすればよいかという課題とともに、評価を見取るためのシートの書かせ方を熟考する必要がある。

【着眼2：「活用型の問題」による課題設定について】
○ 部分積という視点を明確にしたかけ算の本質を意識できる課題を見いだすことができればよかった。

【参考文献】
。三宅なほみ、齊藤萌木、飯窪真也『自治体との連携による協調学習の授業づくりプロジェクト平成23年度活動報告書第2集』東京大学 大学発教育支援コンソーシ

アム推進機構、2012年、p. 2
◦ 文部科学省「小学校学習指導要領解説算数編」東洋館出版社、2008年
◦ 飯塚市立片島小学校・飯塚第一中学校「平成24年度飯塚市教育委員会研究指定・委嘱校報告書」

事例：主体的・対話的で深い学び

「主体的・対話的で深い学び」の実践
―― 主体的に判断し、意思決定させるための資質を育むことを目指して ――

岐阜県岐阜市立陽南中学校教諭
石　橋　信　弘

 話し合いの力を高める学級活動

　生徒が自主的・自治的に活動に取り組む姿の裏には、教師による事前指導が必要不可欠である。そうした指導を通して、生徒の考えや気持ちを汲み取り、ともに学級をよりよい方向に導いていく手立てを考え活動をやりきらせ、生徒たちの自信につなげていかなければならない。このような生徒の姿を表出できるように、私たち教師は、生徒の意識に沿った事前の指導を意図的・計画的に行い、学級の組織を活用して生徒を育てている。

第11章
事例：主体的・対話的で深い学び

(1) 学級会までの流れ

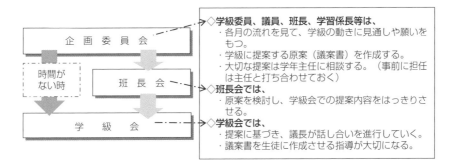

(2) 学級会の隊形

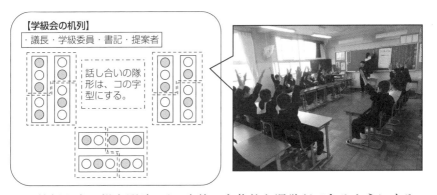

※教師が出る場を明確にし、生徒の主体的な運営ができるようにする。
※生活班を母体にして座席を決定し、男女が交互に座り、机列の偏りがないようにする。

(3) 学級会の進め方

① 議長が、本日の学級会の「めあて」と「議題」を発表し、学級会

の開会宣言をする。

> ・めあて：話し合いの中の行動に関する目標
> ・議　題：話し合いを焦点化するためのめあて

② 企画委員会が作成したレジュメをもとに、議題について、事実や生徒が抱いた気持ちを発表し合う。

【生徒会活動の取組みにおける振り返りの内容（一部抜粋）】

Aさん
　帰りの会の開始時間を守るために、鞄片付けを素早く行い、時間を生み出そうと全員で取り組んできました。
　これは、スローガンの「先を見通した行動をし」の部分を意識した成果だと思います。

＞ 姿や事実を発表し、その姿や事実に関わる願いや気持ちを付け加えて発表する。

（教師から議長へのアドバイス：もう少し内容を詳しく聞いてみて！）

Bさん
　「先を見通した行動をする」ために、開始時間を守ろうとしたのですか？

＞ 「その内容について詳しく聞きたい」、「その内容について仲間に広めたい」という場合、司会が切り返しの発問をしたり、深めの発問をしたりしていく。

Cさん
　開始時間を守ることで、
　○組で合唱練習をする時間を確保し、よりよい合唱を創り上げていくためです。
　だから、スローガンにある「先を見通す」というのは、
　今よりももっといいものを考えたり、よりよいものを求めていったりしていくことだと思います。

＞ どうしてそうするのかという意味を考えたり、今後の方策や学級が大切にしたい気持ちについて発言したりすることができる。

③ 発表した内容についてまとめ、今後の方向性を確認する。

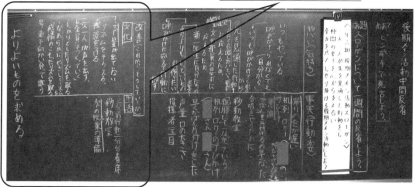

④ 議長が学級会の閉会宣言をする。
⑤ 教師による評価を伝える。

> 　話し合いの後半では、改善策や新たな方法を活発に発言する姿がありました。「よりよい合唱にする方法を考えたから、みんな聴いて！」という想いが、みなさんの手の挙げ方から強く伝わってきました。取組み後半も、よりよいものを求め、自分の力を出し切れる活動にしていきましょう。

　このように、自分達の生活を自分達の手で計画し、実行し、評価していきながら、その活動に対する修正・改善を図り、さらに学級や個を高めていくようにしている。

「協働的な学び」の場を位置付けた学習活動

　総合的な学習の時間では、協同的な態度、すなわち、「互いに意見を出し合い、他者の考えを受け入れながら、力を合わせて取り組む態度」を育むことが求められている。そのため、本校では、昨年度より、各教科で様々な学習形態を取り入れ、「協働的な学び」の場を意図的に位置付けている。

(1)　理科の学習における全体交流の場での実践

　目的意識をもちながら、課題追究する中で、個の見方や考え方を深め、広めるために、学び合いを組織化している。
　生徒Ⅰの科学的な見方や考え方を深め、広めていくために、生徒Ⅰと同質の見方や考え方をもつ生徒を生徒Ⅱ、異質の見方や考え方をもつ生徒を生徒Ⅲに分けている。このように、仲間の見方や考え方との差異から、自分の見方や考え方を再構築させることは、科学的な見方や考え方を深め、広めるうえで有効であると考えている。

第11章
事例：主体的・対話的で深い学び

Dさん：水面からの深さが深くなると、水圧実験装置のゴム膜のへこみが大きくなったことから、深さが深くなると水圧が大きくなるということが分かりました。

Eさん：水面から深いほど、水の量が多くなる。だから水の重さが大きくなるから、水圧が大きくなると思いました。

Fさん：水圧実験器を横にしたり、縦にしたり、斜めにしても、どの方向からも水圧は働いていました。また、どの深さでも、水の中に入ったら、ゴム膜がへこんでいたので、水の中では、どの場所でも、四方八方から働くことが分かりました。

教　師：Gさん、分かった？もう一回、EさんやFさんが言ったことも踏まえて、自分の考えを話してみて。

Gさん：EさんとFさんの話から、水圧は水の量が多いと大きくなることや、水の中であれば、どこでもあらゆる方向から水圧ははたらくことが分かりました。

【考察の発表場面】

生徒Ⅰ（DさんとGさん）を指名
「水面から深くなるほど、ゴム膜の変化が大きいという事実から、深くなるほど水から受ける圧力が大きくなる」と考察する生徒

深める　　広める

生徒Ⅱ（Eさん）を指名
水の重さに着目して考察している同質の生徒

生徒Ⅲ（Fさん）を指名
水による圧力のはたらく方向について考察している異質の生徒

生徒Ⅰ（DさんやGさん）の思考
　生徒Ⅱ：水の重さ
　生徒Ⅲ：あらゆる方向から
という意見を生徒Ⅰが吸収し、自分の考えを再構築する。

生徒Ⅰの代表として、Gさんを指名
生徒Ⅱや生徒Ⅲのような多様な見方や考え方をもつ生徒と学び合わせたことで、生徒Ⅰの見方や考え方が深まったり、広まったりした。

(2) 理科の学習における集団交流の場での実践

　Think（一人で考え）→Pair（ペアで交流し）→Share（考えを共有）していく集団交流を通して、自分の考えを明確にし、他者の意見と対比しながら、自己の科学的な見方や考え方を広め、深めていくように指導した。

２年生：「化学変化と原子・分子」の酸化銅の還元の学習

【事実】
　酸化銅と炭素の粉末を試験管に入れて加熱すると、赤褐色の物質になった（銅に戻った）という結果は、８班中６班であった。しかし、残りの２つの班は、試験管の中に、黒色の粉末と赤褐色の粉末が混ざった結果になった。

① 学級全体に発問（考察）する。
【全体への発問】
　多くの班では、酸化銅を炭素に入れるとすべての粉末が赤褐色、つまり、銅に戻すことができたけれど、どうして、２つの班は黒色の粉末と赤褐色の粉末が混ざり合っていたのか。

② 数分、個人で考える。

③ ペアを組んで互いに自分の考えを話し合う。違いがある場合はそれぞれの根拠を明確にする。また、２人の意見を取り入れた考えをまとめてみる。

④ ４人～６人組になり、それぞれのペアで話し合った内容を交流し合う。

●変容したＨさんの考え
　原子のモデルで考えると、炭素の原子に結び付くことができる酸素分子の量には、限りがあります。その理由は、酸化銅が限られた量しか試験管の中に存在しないからです。だから、酸化銅の量が炭素の量よりも多ければ、結び付くことができなかった酸化銅が残ってしまいます。つまり、一部は銅に戻り赤褐色になるけれど、残りは酸化銅のまま、黒色の粉末が混ざった状態になるはずです。同じように炭素の量が多くても同じことが言えると思います。

第11章
事例：主体的・対話的で深い学び

このThink-Pair-Shareの学習方法を取り入れることで、ノートに仲間の意見や考えをメモしたり、誰のどんな意見を聞いて自分の見方や考え方が変わったのか理解したりすることができた。

(3) 総合的な学習の時間での実践

総合的な学習の時間では、校外学習だけでなく外部講師を招いての体験学習や、生徒が課題に対して自分の考えを出し合い、仲間の意見と比べながら、思考を活性化させるアクティブ・ラーニングを取り入れた授業実践を行ってきた。

本校では、各学年の発達段階や学習のねらい等を考慮して、「1年生：知る」──「2年生：試す」──「3年生：拓く」というキーワードを設定し、3年間の総合的な学習の時間「とびら」の構想を立てている。

1年生のとびら 【知る】	2年生のとびら 【試す】	3年生のとびら 【拓く】
視野を広げ、「学び方」の基礎を身に付ける段階 　3クール制で環境、福祉、健康、文化等を学び、興味・関心を広げるとともに、「学び方」の基礎を学ぶ。	協同的に学習に取り組む中で、追究の仕方を学ぶ段階 　学級を母体に、学習活動を展開していく中で、課題・テーマのもち方や追究の仕方を学習する。	培った力を生かしながら、個人テーマを追究する段階 　個人のテーマをそれぞれがもち、1、2年生で培った力を生かしながら活動を展開していく。

特に、3年生では個人でテーマを設定し、1年間かけて個人追究を実施している。生徒は、2月末に行われる「追究成果発表会」（生徒版イ

ンテンシブ学習）に向けて探求的な学習を進めていき、その成果を、後輩や地域の方々に発表し、今後の自分の生き方に生かしていく。

例えば、調理師を目指すIさんは、日本と外国の食文化について調べた。追究にあたって、Iさんは校外学習先として校区にある料亭を選択し、2時間にも及ぶインタビュー、職場見学を行った。そして、日本の食文化について徹底的に調べ、自分自身の手で実際に料理を作ることで、食材の組み合わせや味付けによるおいしさの伝わり方に違いがあると気付いた。そこで、主に夏休みを利用して家庭で毎日調理を続け、およそ100種類の個人レシピを完成させた。このような

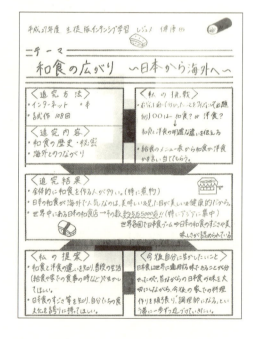

追究を通して、味付けや盛り付け方、季節によって味覚に影響があることを実感することができた。生徒版インテンシブ学習では、自分の追究内容をまとめたレジュメを参観する下級生に配布し、プレゼンテーション資料や自分でまとめたレシピを示しながら、和食の魅力について堂々

と説明することができた。

(4) アクティブ・ラーニングルーム「アゴラ陽南」を活用しての実践

本校では、平成28年度より開設した、アクティブ・ラーニングルーム「アゴラ陽南」において、総合的な学習の時間だけでなく、各教科においても学習形態を工夫して指導を行っている。

数学科では、難易度の高い問題に対して、ジグソー法を取り入れて、一つの課題に対する答えを全員で導いていく学習過程を取り入れた。

社会科では、単元の途中にパフォーマンス課題を取り入れ、これまで身に付けてきた学びを生かして、課題に対しての自分の考えを伝え合う学習に取り組んだ。

国語科では、プレゼンテーションの構成を考えるために、ビデオでサンプルを見せ、よりよい構成を練り上げる学習を行った。

ちょっと休憩　「アゴラ陽南」とは…。

　本校のアゴラ教室の整備に当たって、コンセプトとしてきたことは「多目的に使える」ということです。したがって、アゴラに入れる机も椅子も収納可能なものにし、教室をいくつかのブースに分けたり、思考の過程が残しやすいホワイトボードを導入したりしてあります。また、ホワイトボードパーテーションは、椅子に座った状態でも、床に座った状態でも書くことができ、パーテーションにもなるため、ブースとして囲いにも使えるものです。

　本校では、このような実践を通して、「自分一人でも学べる力を身に付け、社会の一員としての自分を確立していくこと」を大切にし、日々の実践に取り組んでいる。

事例：教育内容

小学校におけるプログラミング教育

仙台市立国見小学校教諭
（前 仙台市立大野田小学校教諭）
栄 利 滋 人

1 プログラミング的思考

　これからの教育として新たに取り入れられるのがプログラミング教育である。しかし、コーディングを覚えるとか、プログラマーを育てるということが目的ではなく、「プログラミング的思考を学んでいく」という考え方をしっかり理解することが大切である。例えば、表計算ソフトエクセルを覚えると、電卓を使って計算する操作から、どのように表を作成してコンピュータに計算させるかということを考えていることに気付く。つまり、「計算する」から「計算表をデザインする」考えにシフトしていることがわかる。つまり、プログラミング的思考では、「この操作で同じことが行えるから、これを繰り返してその結果を次の方法に入れれば目的のことが行える」というような論理的な考え方を身に付けることが必要となってくる。このような考え方は、他の教科にも取り入れていくことが可能である。今現在、各教科でコンピュータを使った授業を実践しているように、プログラミング的思考も各教科に取り入れていくことができるという見通しをもち、学校全体で研修する意識付けを図っていくことが大切である。

❷ 「主体的・対話的で深い学び」につながる プログラミング教育

　プログラミングでは、自分のやりたいことや表現したいことを音符やアイコン、命令ブロックなどの記号で組み合わせて、思っている通りに動くか、思っている通りに表現できているかを試行錯誤しながら行う活動が中心となる。自分がやろうと思っていることをどうやって実現していくか、組み合わせてみて動くかどうかを、作っては修正し、また作っては修正しの繰り返しで行うことになる。プログラミングは試行錯誤の連続である。試行錯誤の活動は、自分がやりたいことを「こうすればこうなるはず」という見通しをもって粘り強く取り組む主体的な活動になっている。自分の中でまずは動かせるかどうかを試し、解決できたら自信となる。しかし、自分だけでは解決できないことも出てくる。うまく動かない時は、なぜできないのかを振り返って考え、解決できなければ仲間に相談し、動かせるアイディアや動いている例を見て、手掛かりになることを探り、教え合って解決していく活動となる。自分が解決できたプログラムの考えは周りに伝えたくなり、友達からは違う解決方法を学ぶという子供同士の協働を通じて自分の考えを広げ深めることができる。試行錯誤の中から習得したことを教え合いながら活用し、さらに問題発見・解決をしながら探究していくプログラミングは、主体的・対話的で深い学びにつながる活動とも言える。プログラミング教育に取り組むことで、主体的・対話的で深い学びの理解を深めるきっかけにもなる。

❸ プログラミングに興味をもたせる仕掛け

プログラミングという言葉に対して、「新しい」「面白そう」という反応と同時に、「難しそう」「専門的」という印象を抱く児童も多い。そこで、児童に身近な学習活動から、プログラミングを使った仕掛けをしていくことが必要である。

(1) 身近に描いた絵を動かす

コンピュータの画面上でキャラクターを動かす子供向けのプログラミングソフトがある。Scratchというソフトは、ブロックとして用意されている命令を組み合わせることで、いろいろな動きを作ることができる。最初は入門編としてScratchのねこのキャラクターを動かすことでブロックの仕組みを理解していく。しかし、キャラクターが歩いたり、向きを変えたり、速く歩いたり、色を変えたりということをひととおり覚えると、「これしかできないのかなぁ」と物足りなく感じるようである。易しいプログラムのブロックの組み方を順に教えていく方法だと飽きてしまうことがある。もっとプログラミングの面白さや凄さを伝え、作ってみたい、覚えてみたいという気持ちにさせることが大切である。そこで、図工で児童が書いた絵を動かすという

ことをScratchで作成し、児童に見せた。自分が図工で描いた絵がアニメーションやゲームのように動いている様子は、児童にとってとても印象深く、どういう仕組みでこのような動きができているのかを知りたくなり、プログラムのブロックを興味深く見るようになっていった。

(2) 外国の小学生の作品から学ぶ

インターネットで交流しているボストンの小学校ではScratchを低学年から行っている。ボストンの低学年児童が作った作品を見せることで、プログラミングに対する難しいというイメージから、手軽に出来そうというイメージに変えていく。低学年児童の作品は、簡単なブロックで自分の描いた絵を動かしているので身近に感じられる効果がある。クリックしたら、吹き出しに文字が出るようなプログラムをブロックで作成している。英文が表示されるが、吹き出しの動きになるブロックを覚えることができる。

また、ボストンの先生から、高学年児童の絵が次々に出現していく

第11章
事例：教育内容

Scratchの作品を紹介していただいた。子供たちの作品を見合うことができる交流の活動である。自分たちの作品もScratchの中に組み込んで絵の交流が実現した。次々に出現して動いていく絵の中から自分の絵を見つけることができ、見たい絵をクリックすると大きくなるので、いろいろな絵を見て鑑賞することができた。鑑賞するだけでなく、この仕組みはどんなブロックを使っているのだろう、とブロックに興味をもたせることができる。ブロックが色別になっていて、どの色にどういう命令があるのかブロックの色を見るだけで分かるようになっている。このように、作品を動かした後に、ブロックを調べることで覚えることができる。

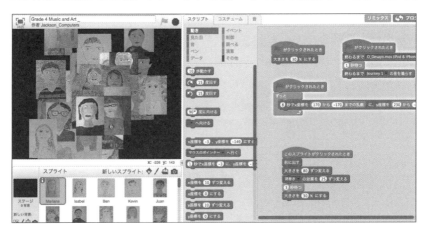

(3) 大学との連携

プログラミングの作品づくりでは、中京大学の宮田義郎教授の協力で、大学生が児童の描いた絵を基にしたScratchの作品を児童に紹介した。教室に掲示してある児童の絵のデータを中京大学の宮田研究室に送り、絵をScratchに取り込み、中京大学の学生がコンピュータの画面上で動く作品にしてくれた。この作品を見せることで児童の興味関心はと

ても高まった。児童の描いた絵がくるくる回ったり、動いたり、増えていったり、スピードが変化したり、といろいろな動きをしている。一つ一つの顔の絵にそれぞれプログラムのブロックが作られていることに気付くことができる。児童は、ブ

ロックの仕組みを見て、「もし〜だったら〜する」「メッセージを受け取った時〜する」「もし〜のキーが押された時〜する」など、複雑なブロックにも興味をもち、そのブロックを使って作ろうとするようになった。このような専門的な操作や作品づくりの指導を担任教師が行うには限界がある。このように、地域の大学と連携していくことでプログラミングに対する教員の不安が軽減し、活動支援する体制を整えることができる。

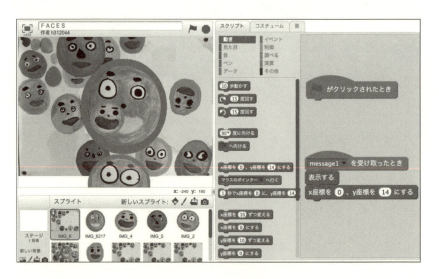

(4) これまでの学習活動を生かすプログラミング

ボストンの児童の作品や中京大学の学生の作品から学んだScratchのプログラミングから、Scratchでどのようなことができるのかイメージをもつことができた。次に、プログラミングで表現することを学習に取り入れてみた。6年生の総合で人物を調べてまとめ、発表する単元を毎年行っている。これまでは、パワーポイントに調べたことをまとめ、発表する活動を行っていた。これをScratchで表現することにした。人物を登場させ、生い立ちやエピソード、業績や名言を吹き出しでまとめ、アニメーションのように人物紹介をするようにまとめさせた。

このようにプログラミングを学習活動に取り入れる時には、新しくプログラミングの活動単元を作っていくという発想ではなく、これまで行われていた学習活動の中から、プログラミングを使って行えるものがないかという視点で考えることが大切である。この実践例は、調べたことをまとめるための表現方法としてプログラミングを活用したものである。

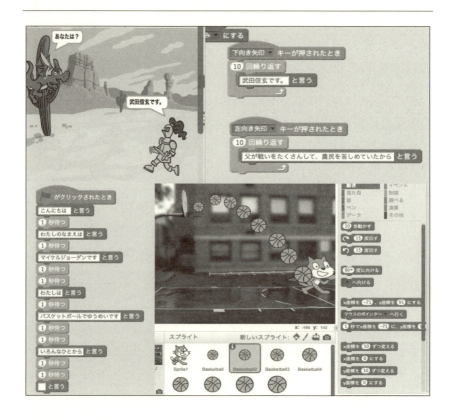

4 専門性にどう取り組むか

(1) 外部人材や大学との協力関係

　地域の大学やNPOなどプログラミング教育を支援する機関を把握し、こうした外部の力を借りる体制づくりが必要となる。
　プログラミングのソフトを操作する活動をすると、どうしても操作が分からず、児童が先生に助けを求める場面が出てくる。自分が操作方法

を知っているパワーポイントなどであれば的確なアドバイスを与えることができるが、プログラミングの操作でつまずいている児童への支援はうまくできない場合が多々ある。その児童に付きっきりになり、授業が滞ってしまう。そこで、地域の大学と連携し、教育学部でプログラミングの操作が堪能な大学生や工学部など専門性が高い大学生に授業に入ってもらい、操作の支援をしていく体制を作ることを勧める。教育実習ではないが、学習支援ボランティアとして小学生のプログラミングに対する反応を感じることができる経験は学生にとっても貴重な機会となる。現場と大学がギブアンドテイクで取り組むことができる活動の場として大学と連携していくことはとても大切である。

　コンピュータの画面で動くプログラミングの活動だけではなく、実際に目の前で動く体験はとてもインパクトがある活動となる。できれば、簡易的なロボットを動かすようなプログラミングを体験する機会を与えたい。ただし、そのためには、実際に動かすための機材やソフトが必要となるため、プログラミングに詳しい外部機関を利用していくことが必要不可欠である。

(2) Spheroというボールを動かすプログラミング活動の実践例

　コンピュータの画面上でプログラムのブロックを組み・動かす活動をしていると、実際に目の前で動く様子を児童に体験させたいと思うようになった。ロボットのような本格的なプログラミングとなると難しさが前面に出てしまうので、もっと手軽にできるものがないかということを宮城教育大学の安藤明伸准教授に相談し、タブレットでSpheroというボールを動かすプログラミングの活動を行うことができた。この活動では、宮城教育大学の４年生がプログラミングの授業を支援しながら進めることができた。Spheroというボールを光らせたり、点滅させたり、

変化を繰り返したりするためのブロックを組んでいく。

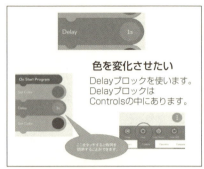

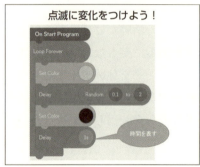

　自分たちの作ったプログラムで目の前のボールが動く体験は、コンピュータ画面上のものが動くプログラミング活動よりも意欲的に取り組むことができた。活動で顕著に現れたことは「協働」である。プログラムを組んでもSpheroボールが思うように動かない場面が度々出てくる。なぜ動かないのか、相談が始まる。いろいろなブロック操作が提案される。実際に動かしてみながら修正していく。うまく動かず他の方法を試す。このように試行錯誤の連続で目的の動きになるように修正改良していくという協働的な活動が展開されていった。Spheroのボールを動かす中で、ループ（繰り返し）、もし〜だったら〜する（条件分岐）、順番に動かす（シーケンス＝順序）、間違いを見つけ修正する（デバッグつ

ぶし）などの考え方をブロックで試しながら使うことができた。この試行錯誤を繰り返すことで、プログラミング的な考えを覚えることにつながっている。

❺ 教科とプログラミング的思考の位置付け

　学習指導要領の教科指導によく照らし合わせて、外部機関との連携でプログラミングの理解研修を進めながら、教科にどのように取り入れていくことが効果的かを考えることが、これから求められる視点である。Spheroの実践で取り上げた、順序、条件分岐、繰り返し、間違いの修正などの考え方は、各教科の授業ですでに扱っている考え方でもある。算数で行う筆算などは、計算の順序があり、もし引けない場合は隣の位から10を借りて…このようにプログラミングの条件分岐という考え方をしていることがわかる。視点を変えることで、プログラミング的思考を取り入れた授業を再構築することができる。つまり、プログラミング教

育は、必ずしもコンピュータを使って行わなければならない、と考えるのではなく、プログラミング的思考を学ぶと考えれば、コンピュータを使わない授業も行うことができる。授業の中に、「順序」を守って計算する、ということを意識して計算手順を考えて提示し、順序が守られているかを確かめる活動や、算数の教科書に出てくる筆算の間違い探しの問題もプログラミング的思考を取り入れた授業になる。この考え方に焦点を当てた授業をすることは、教科の内容を整理したり、筋道を立てて考えたりすることにつながる。このように、各教科にプログラミング的思考を取り入れた授業を行っていくことで、コンピュータを操作するプログラミングの授業の時に、これまでの考えが生かされるため、より理解がしやすくなり、表現したいものを作ることができるようになるという相乗効果が期待できる。

【すぐに体験できるプログラミングの紹介】
・「Hour of Code」
　海に浮かぶいかだに対して、与えられた課題を行うようにブロックを組み合わせるプログラミング体験ができる。クリアするごとにレベルが上がっていき、ブロック操作の理解が必要になってくる。

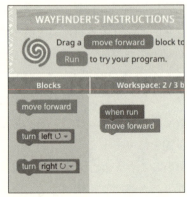

・「プログル」

公倍数コースでは、整数の性質と倍数を学びながら、順次処理、繰り返し、条件分岐の概念を学ぶことができる。

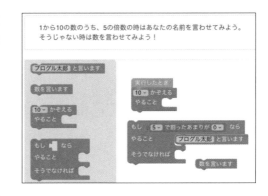

どちらもWebにアクセスするだけで体験できる。操作も、スモールステップで進むので分かりやすい。教える側として、まず体験しなければ教えることができないので、職員研修でプログラミング体験会を実施することが最初に取り組むこととして大切である。

事例：教育内容

カリキュラム・マネジメントの確立による道徳教育の充実
―― 主体性を育てる問題解決的な道徳科授業 ――

東京都北区立飛鳥中学校校長
鈴 木 明 雄

1 道徳科授業と教科学習の充実を図るカリキュラム・マネジメント

(1) 道徳教育を教育課程の重点とするカリキュラム・マネジメント

　中学校は教科担任制のため、日常の教科指導が中心である。では道徳教育の役割や機能は何か。教育課程の重点として、道徳教育は学校経営の教育ビジョンの牽引的な役割があると考えている。人間は何のために学ぶのか。なぜ生きていくのか。中学生の発達段階では、自分の生きる力の基盤となる志や夢や希望への志向が極めて重要である。
　この生徒一人一人の未来の夢や希望、そして志に沿った自己実現のためのカリキュラム・マネジメントを構想してきた。

(2) なぜ、道徳性の育成と主体的な学びが本校に強く求められたのか

　中学校の学校経営の重要な視点は、「規範のある豊かな道徳性と道徳科授業で生きる志を抱いた主体的な学び」であると考えている。私が赴任した当時、本校は生徒指導上危機的な状況を抱えていた。授業の抜け出しや喫煙、器物破損も続いた。授業も活気が無く居眠りの生徒も多く、教員は日常の対蹠的な問題に追われ疲弊していた。しかし個々の教員にヒアリングを実施すると魅力的で楽しい授業や温かい人間関係に溢れた学校生活を強く望んでいた。生徒達やPTA役員等の保護者の声も同じであった。

　そこで新しく目指す学校カリキュラム構想の理念を、魅力的な授業の充実と温かい人間関係と豊かな道徳性の育成とし、次の２つのキャッチフレーズを合い言葉とした。
- ●生徒は今日も、ワクワク・ドキドキ・楽しい授業！楽しい学校！
- ●教員も職員もみな、働いてワクワク！教えて楽しい！

　毎日ワクワク・ドキドキできる生徒と教職員のために良い学校を創ろうという決意のもと、学校マネジメントを考えることになった。そして、道徳性の育成の視点を組み入れた教科横断的な発想のカリキュラム・マネジメントを計画・実行することになったのである。

(3) 生徒の主体的な学びの原動力となる道徳性の育成

　本校の研究は、生徒も教師も、主体的にともに考え・語り合うことができる魅力ある授業を目指し、道徳性の育成と主体的な学習を図るカリキュラム・マネジメントである（図１）。

　カリキュラム・マネジメントの理念と実行策には、①教育内容を一つ

の教科・領域にとどまらず相互の関連を考えていく手法・発想で、教科・領域の教育内容を横断的に扱う組織活用を実行する、②教育課程のPDCAサイクル目標管理の確立を図る、③教育内容や授業方法と近隣小中学校や保護者・地域社会、教育環境やICT活用等との連携・協力等の教育諸条件の整備・活用の

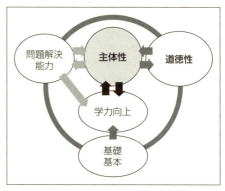

図1　カリキュラム・マネジメント（教科等の横断的目標管理）

関係を密接に関連付けていく、等が考えられる。本校では①及び②に関するPDCA目標管理と道徳科と教科等の横断的な実践が中心である。

❷ 道徳性の育成と道徳実践ができる生徒の主体的な学び

【問題解決型授業を活用した道徳科と教科等の主体的な学習】

　授業改善は、道徳科及び教科等の問題解決的な学習を実施している。

　問題解決型授業を活用した主体的な学習は、教科とともに道徳科授業で実践すると、確かに生徒の意識を変え、学校を変えた。計画的・継続的な

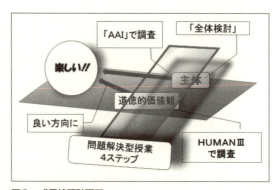

図2　成果検証計画図

カリキュラム開発、学習評価と評定の生徒や保護者向け冊子及び道徳教育の全体計画や別葉を工夫し、教科・領域の横断的な実践の教員同士の見える化を目指してきた（図２）。最初に、北区教育委員会・国立教育政策研究所の研究指定校として、平成27年度の研究調査の結果を紹介する。※学習適応性検査AAI（Academic Adjustment Inventory）は省略。

問題解決能力に関する意識と基礎学力及び道徳性の相関関係

　本校では、調査研究として、教科等の問題解決能力の意識と基礎学力の関係及び道徳性の向上について数値的な成果検証を試みた。①東京都教育委員会による児童・生徒の学力向上を図るための調査：学力・生活意識調査（以下、都学力調査）、②教研式新道徳性検査（HUMANⅢ）を２年間の経年で調査した。

(1) 基礎学力×道徳性（決まりを守る・やり抜く意志）の相関関係

　都学力調査より、「規範意識＝決まりを守る道徳性×学力」「やり抜く強い意志×学力」のクロス集計では統計的な有意さ（有意水準５％以内）が測定できた（図３）。
　自分は決まりを守ろうとしているという割合は３割から約８割へ。最後までやり抜くなど根気強いという意識も約５割と増加の傾向が見えた。
　２年間で、少しずつではあるが、「決まりを守る・やり抜く意志」の割合が増加したのである。

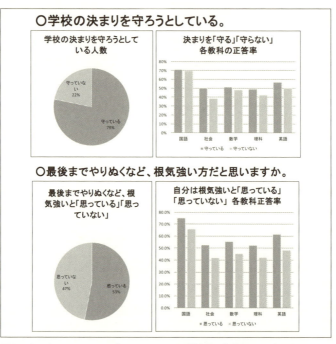

図3 カリキュラム・マネジメントにおける道徳性と主体的な学びの調査

(2) 道徳性の変容について

　道徳性検査（HUMANⅢ）は、道徳的心情と道徳的判断を文章問題の読解から測定する。

　学習適応性は学習意欲や振り返り力等を4件法等で測定するものである。

　道徳性の変容について、「1学年から2学年＋2学年から3学年」の評価の合計を表1にまとめた。全体として、よりよい変容が見えた。道徳性の変容を数量的にとらえるのは難しい。しかし長年にわたり開発された教研式新道徳性検査（HUMANⅢ）の活用により変容の傾向をとらえることができ、多数の全国調査と比較が可能である。

表1　教研式新道徳性検査（HUMANⅢ）より

道徳性（24の価値内容）に係る変容		◎高い・―平均・△低い	
価値内容項目	【1年及び2年→2年及び3年】の変容	平成25年度	平成26年度
1(1)	基本的生活習慣・節度節制・心身の健康	―	―
1(2)	強い意志・高い目標	◎	◎
1(3)	自主自律・誠実実行	―	◎
1(4)	理想の実現・真理追究	△	―
1(5)	向上心と個性伸長・自己実現	―	◎
2(1)	礼儀	―	◎
2(2)	思いやり・人間愛	△	◎
2(3)	信頼・友情	◎	◎
2(4)	健全な異性観・男女の理解	◎	◎
2(5)	寛容・謙虚・広い心	―	◎
2(6)	感謝・支え合い	―	◎
3(1)	生命尊重	◎	◎
3(2)	自然愛	△	―
3(2)	畏敬の念	△	△
3(3)	人間の弱さと気高さ・人間として生きる喜び	◎	◎
4(1)	規則尊重・法やきまり・社会の秩序と規律	―	―
4(2)	公徳心・社会連帯・よりよい社会の実現	―	◎
4(3)	正義・公正公平・差別偏見のない社会実現	△	◎
4(4)	集団生活の向上・集団の意義理解	―	―
4(5)	勤労の尊さ・奉仕の精神・公共の福祉	◎	◎
4(6)	家族愛	△	◎
4(7)	愛校心	◎	◎
4(8)	郷土愛・地域社会の一員の自覚	―	◎
4(9)	日本の伝統と文化の継承・日本人の自覚	―	◎
4(10)	国際理解・人類愛：世界の平和	―	◎

(3)　生徒の具体的な道徳性を養う主体的な道徳実践活動

　少しずつ生徒の主体的な言動が生まれ、当時の生徒会長が提案した、震災で困っている人と直接交流がしたいという考えから、生徒会とPTAの合同企画で、東日本大震災の防災拠点校である宮城県岩沼市立玉浦中学校への支援交流を6年間続けてきた。「飛鳥中は、玉浦中を決して忘れない！」を合い言葉に、支援バザー「あすか祭」や募金活動、

生徒会応援横断幕作製や手作りリヤカーの贈呈、追悼記念樹植樹等を毎年実施している。

これはカリキュラム・マネジメント③の地域環境の活用・連携に当たり、PTAや近隣小学校、地域連携教育の実践として和が広がり、主体的な学びとして道徳実践の成果と考えている。

次に具体的で主体的な道徳科授業として問題解決的な道徳科授業の実際を紹介する。教科等横断的で問題解決的な道徳科授業実践例である。

④ 主体的・対話的な学習を深める道徳科授業の開発

(1) 問題解決能力と道徳性の育成を図るカリキュラム・マネジメント

生徒の主体性を育てるというカリキュラム・マネジメント構想から、問題解決能力の育成、豊かな心等の道徳性の育成の視点を重視してきた。

第1に、生徒の主体的な学習の在り方を追究する過程で、各教科や道徳の問題解決的な学習を開発した。3年間にわたり、「飛鳥中学校問題

解決型4ステップ授業」を活用し、アクティブ・ラーニングによる魅力ある授業モデルの開発を繰り返した。

第2に、この主体的な学習の基盤に、主体的な道徳性の育成を組み入れた。結果、生徒の主体的な学びと道徳性を養う目標を追求し、問題解決的な学習の開発と横断的なカリキュラム開発に結び付いた。この2点を中心に以下述べる。

本校は、研究テーマ「問題解決型授業を活用した主体的な学習能力と自己評価能力の育成」、サブテーマ「小中一貫教育を活用した教科・道徳指導（4ステップ＆メタ認知）」（平成24～26年度東京都北区教育委員会・文部科学省・国立教育政策研究所学習指導実践研究協力校）を掲げ、実践研究を試みた。※平成28・29年度も継続指定で研究中。

生徒指導上の課題があった本校を本来の姿にする使命感からも、基盤となる道徳性の育成と生徒の主体的な学びの基礎となる問題解決能力の育成を図るための授業改善が急務であった。3年間の調査研究の結果として、本研究で、生徒の主体的な学習能力は道徳性とともに向上すると予想し、授業実践を繰り返した。特に、教科指導による学力向上と生徒の道徳性向上が関連して育成できるように、集団検討や話し合い活動を重視し、温かな人間関係を大切にした。

そして次の研究仮説を定め、研究の3視点を決め、道徳科・教科等の横断的目標管理カリキュラムを基に、授業実践を繰り返すことから仮説の実証を図った。

【研究仮説】

飛鳥中学校問題解決型学習4ステップで授業構想し、指導内容・方法の充実を図ることができるならば、生徒に主体的に考える力・自己評価能力等の問題解決能力や豊かな心等の道徳性を育成することができる。
※道徳性と問題解決能力の育成→主体的な学び→学力向上へ

問題の発見と解決に向けた学習者中心型の主体的な学習（アクティブ・ラーニング）は道徳性を養うための重要な学びのスタイルといえる。中学生が自主性を身に付け、自立して学びを深め、自らの道徳性を高めていく教育課程の学力向上への有効性の実証を目指した。また教科学力や学習意欲、道徳性の実績調査もPDCAで検証した。

(2)　問題解決能力の育成を図る「飛鳥中問題解決型4ステップ授業」

　飛鳥中学校では、全教科・領域の授業構想に、教科等を横断的に、問題解決型4ステップ学習という型を決めて取り組んでいる。右のような4ステップカードをすべての教科・領域、生徒会・委員会等で使用している。

　問題解決型4ステップ学習について、数学科の指導事例で説明し、次に問題解決的な道徳授業の実践を述べる。

○問題解決型4ステップ授業の説明
　（数学科の指導事例から）
「ランドルト環の秘密を見つけよう！」（単元：比例と反比例）
　視力検査表の仕組みを問題解決型授業で解き明かした。問題把握で授業の意図をつかみ、表にはない0.05のランドルト環の作図を目指して、自力解決→全体検討（話し合い活動）させた。理解の定着を図るため、個々のまとめは0.05のランドルト環の作成としたが、約97％の生徒が完成できた。

第11章
事例：教育内容

豊かな心等の道徳性にかかわる問題解決能力の育成

(1) 問題解決的な道徳科授業の価値について

　道徳的諸価値の理解を考えると、道徳科授業の特質として、主人公の思いや心情に添って自分が主人公ならどう生きていくかと共感をしながら、豊かな人間としての生き方を学ぶ授業構想は重要である。現在この方法は定着しているが、教材中の共感した人物の心情を理解し、更に道徳実践に結び付くような指導が十分でないという指摘がある。

　生徒の実態としては、道徳科授業で万引きやルール違反に堂々と正しい意見を述べていた生徒が放課後に万引きするという事もある。しかし正しいことを真剣に考えた生徒も万引きで補導された生徒も同じ人間であり、強く気高くまた弱い存在である。この人間としての矛盾を教師が生徒と生涯の共通な課題として受け止め「共に考え・共に語り合う」（道徳科指導の原理）ことが大切と考えてきた。そこで道徳科授業の特質を踏まえながら問題解決的な道徳授業を積極的に工夫し、行動の判断や善悪の判断のみで終わることなく、自分は人間としてどうあるべきか主体

問題解決的な道徳の授業について
〈基本形〉
①主人公の心情を追いながら
②自分の問題として考え（振り返り）
③ねらいに達する
〈問題解決型〉
①教材（読み物資料）の問題を発見
②自分で考えた上で、話し合う
③自分の問題として、ねらいに達する
★私たちの道徳：事例「1冊のノート」参照

的に考える授業構想を開発してきた。

(2) 問題解決的な道徳科授業の実際

　本事例は新学習指導要領第3章特別の教科道徳（道徳科）に提示された配慮事項「問題解決的な道徳授業」として開発した授業構想である。
　内容項目「C家族愛、家庭生活の充実」をねらいに、文部科学省「私たちの道徳」掲載教材「1冊のノート」で中学1年対象に実施した。やや物忘れが多くなった祖母を嫌う主人公が、祖母の日記である1冊のノートの存在を知り、深い愛情や家族への思いに気付くという身近な心に響く読み物教材で、通常の道徳の授業〈基本形〉では、主人公の心の変化に焦点を当て気持ちの変容を読み取ることでねらいに迫るという展開である。
　このような主人公の心情を追っていく授業構想を変え、教材に潜む「問題」を考え、発見する授業に変え、道徳価値の主体的な思考や自覚を深める授業構想を開発した。

〈授業展開の実際〉
　最初の発問は「資料を読んで、考えられる『問題』を発見しよう」とした。生徒は自力解決として「問題」を考える。主人公の祖母への心ない言動の問題、自分自身の祖母の問題、将来の家族の認知症の問題、高齢化社会問題等を個々に発言し多様な「問題」が黒板に並んだ。担任は、これらを整理し、「このおばあさんのような身近な高齢者への接し方の問題」というテーマに絞って考えることを提案し、学級全員が同意した。
　各自が発見した「問題」を絞り（問題把握）、自分で考え（自力解決）、話し合い活動（集団検討）で互いに議論した。議論を繰り返した後、ねらいに迫るため、授業展開の終末では「主人公はどのような人間か」と

主人公の人間性と自分という人間の在り方を考えさせ、自己への振り返りを個々にさせた（個人でまとめ）。最初「自分にも身近な高齢者で祖母がいる。簡単に手助けは難しい」「高齢者を介護できる施設を増やすべきだ」と第三者的な発言もあったが、展開の終末、主人公の人間性を考えることから、「どんな人間も喜んで認知ができなくなる訳ではない。主人公のように、家族には少しでも寄り添って、優しく励ましたい」「誰でも高齢者になる。自分もわからなくなるかも知れない。主人公のように見守り励ますことができる人間に自分もなりたい」等、主人公の人間性を通して、自分の生き方・在り方を考える姿勢が発言や書き留めたまとめに見られ、各自の考えが深まり、家族愛というねらいに達することができた。

　以上、道徳性を養うことと学力向上が教科等横断的なカリキュラム・マネジメント構想により成果検証できた一例である。
　今後も主体的・対話的な話し合い活動の充実、更には、生徒一人一人が生きる力としての深い学びができるよう道徳科授業の開発と教科等との学校マネジメントを追究していく所存である。

事例：教育内容

厚真町のコミュニケーションを軸とした小中連携の推進

北海道厚真町教育委員会
教育アドバイザー
刑 部 守 敬

1 厚真町の英語教育の取組み

　厚真町教育委員会は、社会の国際化・グローバル化が進む中で「夢や希望」をもって生き抜く素地として、義務教育を終えた段階で実践的なコミュニケーション力を中核とする英語能力を身に付け、様々な場で活用できることを目指した「英語を活用できる児童・生徒の育成——厚真町の夢のある英語教育——」の構想を設定し、実践組織として平成23年度に小・中学校の英語教育担当者で組織した「厚真町英語教育推進委員会」を設置した。
　翌平成24年度からは文部科学省の教育課程特例校の指定を受け、義務教育9年間をつなぐ活用性の高いコミュニケーション能力の素地や基礎の育成に取り組んできた。
　平成27年度からは文部科学省の教育課程特例校の追加指定を受け、小学校第5学年から中学校第3学年までコミュニケーション科を設け、小・中学校間の学びの接続や仮想英語空間（多くのALTや外国の方を招いてつくる英語活用空間）を活用した取組み（小学校ではプロジェク

ト学習等、中学校では厚真PRプロジェクト学習等)、学校間交流、他地域交流等、英語活動や英語科で学んだ英語の活用を進めるための研究実践を進めた。

そのためのカリキュラム整備や授業づくりの実践研修を進め、義務教育9年間を通して英語を活用する学びの環境を整えて、児童生徒が生き生きと英語を活用し、積極的にコミュニケーションを図ろうとする態度と能力の育成に小・中学校が一体となって取り組んでいる。

※厚真町英語教育推進委員会:厚真町内の小中学校の校長・教頭・教務主任・英語教育担当者・英語教育推進コーディネーター・教育委員会担当者で構成し、これらの委員の他に、研究実践の場面では共同研究者、研究協力者に参加を依頼している。
　・研究共同者:大学教授
　・研究協力者:近隣市町のすぐれた英語教育実践者(小学校・中学校教諭、教育局へ依頼)
※プロジェクト学習:小学校6年間の学びを活用し、ALTや外国の方に自己紹介・家族紹介・学校紹介をしたり、それらを話題に会話する活動。
※厚真PRプロジェクト学習:中学2・3年生で実施、小学校でのコミュニケーション科を発展させ、ALTや外国の方にテーマをもって厚真町を紹介したり、それを話題に会話する活動。
※英語教育推進コーディネーター:小学校英語教育加配として中学校に配置された英語教諭。中学校での授業と小学校の英語授業支援、小中学校の英語教育をつなぎ、町の英語教育にかかるカリキュラム開発等、本町の英語教育の中核的役割を果たす。

小中9年間を結ぶカリキュラムの開発

厚真町では、表1に示すように小学校低・中学年では年間35時間の英

語活動(第1学年は34時間)を、また高学年では、新教科であるコミュニケーション科の授業を年間50時間実施している。中学校においては英語科の授業に加え、第1学年では年間30時間、第2、3学年では年間35時間、コミュニケーション科の授業を実施している。コミュニケーション科の学習は、実際に英語を用いたコミュニケーションの場を多く設定し、多様なコミュニケーション活動に取り組ませることが目的であり、その支えとなるコミュニケーション能力の素地や基礎を培うのが小学校低・中学年の英語活動、及び中学校英語科の学習である。これらの学習内容を効果的に連携させ、授業実践を通して、児童生徒のコミュニケーション能力の伸長を目指すことができるように、カリキュラムを通して小中9年間の学びを結ぶことが本町英語教育のカリキュラム編成における基本的な考え方である。

表1　学年ごとの学習内容、活動内容

学年	英語活用の視点	学習内容・活動内容	時数	
			英語活動英語科	コミュニケーション科
中3 中2	深める 伝え合う	・教科書の学習内容 ・外国人との交流(厚真町紹介のプレゼンテーションと質疑応答) ・外国人との交流、厚真町の中学校同士で交流(イングリッシュ・キャンプ) ・ビデオレター交流、季節のカード交流(アメリカ中高生へ) ・小5との交流	120	35
中1	わかる 伝える	・教科書の学習内容 ・留学生との交流(インタビュー・質疑応答) ・厚真町の中学校同士で交流(インタビュー・質疑応答) ・ビデオレター交流、季節のカード交流(アメリカ中高生へ) ・アメリカ合衆国領事との交流(自己紹介、厚真町紹介)	120	30

第11章 事例：教育内容

小6 小5	使う 楽しむ	・Hi, Friends! 1, 2 ・**外国人との交流（自己紹介と質疑応答）** ・**町外の小学校との交流（インターネット）** ・**厚真町の小学校同士で交流（インターネット）** ・理由を説明する　・友だち紹介　・英語劇 ・**中3との交流（自己紹介スピーチとインタビュー）**	0	50 （Eタイム10 を含む）
小4 小3	慣れる 親しむ	・Hi, Friends! 1 ・自分のことについてのスピーチ　・友だちにインタビュー ・場所をたずねる　・ほしいもの　・電話の表現 ・できること、できないこと　・60までの数 ・曜日の表現、日付の表現　・自己紹介 ・アルファベット	35 （Eタイム10 を含む）	0
小2 小1	ふれる まねる	・天気の表現　・あいさつ　・単語の学習 ・簡単な数 ・ごっこ遊び（買い物、動物園、旅行） ・アルファベット	35 （Eタイム10 を含む）	0

※Eタイム：15分間のモジュールの授業で年間30コマ、10時間分をオリジナルのDVDを活用して復習的に実施
※太文字はコミュニケーション科の活動内容

カリキュラムによる小中連携

　本町では英語教育推進委員会を中心に、英語教育における小中連携を推し進めてきた。平成24～26年度の教育課程特例第1期においては、小中学校教員の相互訪問、授業参観等の情報交換や、授業研究、小中学校指導者による乗り入れ授業に重点を置いた小中連携に取り組んだ。

　平成27～29年度の教育課程特例第2期にあたる今期は、前述の内容に加え、「カリキュラムの連携」にも範囲を広げて取組みを進めている。「カリキュラムの連携」において考えられる3つの要素は、「目標の一貫性」「学習内容の継続性」「指導法の継続性」であるが（直山、2011）、これらに係る本町においての取組みを以下に示す。

(1) 目標の一貫性

　小中9年間の英語活動・コミュニケーション科・英語科カリキュラムにおいて、本町では「英語を活用できる児童生徒の育成」という一貫した目標を掲げている。これを達成するため、表1にあるように各学年、発達段階に応じた多彩なコミュニケーション活動を設定している。

(2) 学習内容の継続性と関連性

　表1で示したように、本町では特にコミュニケーション科のカリキュラムを軸に小中の学習内容に継続性と関連性をもたせ、カリキュラムの編成を進めている。また図1に示すように、同じ形式での活動をそれぞれ学年ごとに設定することにより、学年が上がるにつれ徐々に高度な活動に取り組むことが可能となる。このように児童生徒のコミュニケーション能力の段階的かつ継続した伸長を目指したカリキュラムによる小中連携を推進している。

　学習内容の設定に関わっては、中学校、小学校においてそれぞれ、英語科、コミュニケーション科、英語活動という教科、領域が設定されているため、それぞれの機能的な連携を目指し、小中学校の英語担当教員が連携してカリキュラムの開発や改善に取り組んでいる。英語教育推進コーディネーターの活用、中学校英語担当教員の小学校英語授業への参加等、小・中学校間でのより一層の連携の強化を図りながら、町全体の児童生徒のコミュニケーション能力の伸長を目指す学習内容の検討を推進している。

第11章
事例：教育内容

コミュニケーション科のカリキュラムで小中連携を図る

同じ形式を引き継ぎながら、内容がレベルアップ

中学校 → 小学校

	活動名	あつまPRプロジェクト学習	シェリダン日本語学校との交流 学校間交流 他地域交流	小5との交流
	活動内容	・Native Speakerを迎えて（大人とかかわり） ・直接的なやりとり ・プレゼンテーション 小学校：自己紹介、家族紹介、友達紹介、学校紹介等 中学校：自己紹介、町紹介、テーマを決めてのプレゼン ・質疑応答（即興的なやりとり）	・海外・国内との交流 ・近隣の学校との交流 ・他地域の学校との交流（同世代との交流） ・直接的なやりとり ・スカイプを活用した交流 ・ビデオレター ・手紙 ・質疑応答（即興的なやりとり）　多様な交流形態	・小中交流 ・直接的なやりとり ・小学校：自己紹介、家族紹介、友達紹介、学校紹介等 　中学生との質疑応答（即興的なやりとり） ・中学校：質疑応答（即興的なやりとり） 　指導対応
	活動名	あつまプロジェクト学習	学校間交流（厚真中央小学校） 地域間交流（五島市の小学校）	中3との交流

図1　コミュニケーション科　カリキュラムの特色

表2　同じ言語の使用場面を繰り返しながら、違った表現を扱う例：自己紹介

自己紹介という活動は、小1の「げんきに　あいさつをしよう」という活動から中3まで同じ形式を引き継ぎながら、それぞれの学年で学んだ表現、語彙等を活用しながら、活動が広がる。
（英語活動、英語科等での学びの活用）

活動	学年	対象	単元名	内容・英語表現
	中3	町外のALT	厚真PRプロジェクト(中2、3版)	地域紹介、学校紹介プレゼンテーションと質疑応答：英語話者であるALT等を、実際に町外より招いて
	中2	※上記以外の機会においても、自己紹介については交流活動の際に必ず行う。 ※その他の活動については、年間指導計画等を参照のこと		

自己紹介	中1	アメリカの中高生	シェリダン日本語学校との交流	自己紹介スピーチ、地域紹介、学校紹介、日本文化紹介と質疑応答：英語話者であるアメリカの中学生、高校生を、実際に町外より招いて
		町外のALT	厚真PRプロジェクト（中1版）	自己紹介スピーチ、地域紹介、学校紹介と質疑応答：英語話者であるALT等を、実際に町外より招いて
		北海道への留学生等	留学生交流	自己紹介スピーチ、地域紹介、学校紹介と質疑応答：英語話者である留学生等を、実際に町外より招いて
	小6	町外のALT	厚真プロジェクト	自己紹介スピーチ、地域紹介、学校紹介と質疑応答：英語話者であるALT等を、実際に町外より招いて
		町外の小学校	「他地域交流」	自己紹介スピーチ、地域紹介、学校紹介と質疑応答：インターネット回線を用いて
		町内の小学校	「他地域交流」	自己紹介スピーチと質疑応答：インターネット回線を用いて
	小5	中3生徒	「自分のことを伝えよう」	自己紹介スピーチと質疑応答 Hello. My name is . . . . What's your name？ My birthday is . . . . I'm 10 years old. When is your birthday？ I like . . . . I don't like . . . . Do you like . . .？ What . . . do you like？ I have . . . . I don't have . . . . Do you have . . .？ How many . . . do you have？ I can . . . . / I can't . . . . Can you . . .？
	小4	児童指導者（スピーチ）	「1/2成人式をしよう」	自己紹介スピーチ Hello. My name is . . . . My birthday is . . . . I'm 10 years old. I like . . . . I don't like . . . . I have . . . . I don't have . . . . I can . . . . / I can't . . . .
	小3	児童指導者（ペア）（スピーチ）	「自己紹介しよう」	あいさつ、自己紹介 Hello. My name is . . . . How old are you？ I'm 10 years old. I like . . . . I don't like . . . . Do you like . . .？ Yes, I do. / No, I don't. I can . . . . / I can't . . . . Can you . . .？ Yes, I can. / No, I can't.
	小2	児童指導者（ペア）	「げんきにあいさつしよう」	あいさつ、自己紹介 Hello. My name is . . . . How are you？ I'm happy. Nice to meet you.
	小1	児童指導者（ペア）	「げんきにあいさつしよう」	あいさつ、自己紹介 Hello. My name is . . . .

第11章
事例：教育内容

（3）指導法の継続性

① ゲームやコミュニケーション活動の継続

図1、表2で示すように、コミュニケーション活動においては、小、中学校ともに同じ形式の活動を継続している。同形式の学習活動とすることで、児童生徒が英語学習のつながりを意識したり、自分の成長を実感したりするのに役立っている。

規模の大きいコミュニケーション活動のみならず、ゲームや疑似的なコミュニケーション活動についても、小学校の内容を中学校へ一部継承し、活用している。このことからも、児童生徒は、小中間の英語学習のつながりを意識することができるとともに、中学校での英語学習に親しみを感じることができるものとなっている。

② 単位時間における、授業の流れの統一

授業の基本的な流れを小中で統一し、小学校の英語学習から中学校の英語学習へ、児童生徒がスムーズに移行できるよう、年度当初に町内の小学校教諭、中学校英語教諭を対象とした「英語授業研修会」を開催し、授業の進行手順、ALTとの役割分担、まとめと振り返りの方法（図2）について、町内小中学校4校で共通理解を図っている。図2で示す手順の中で特に注目したいのが「ウォームアップ②英会話」の設定である。

授業の流れと、TTにおける指導者の役割・小学校版	授業の流れと、TTにおける指導者の役割・小学校版
小学校略案綴りも参考に	他教科の授業と同様
1　ウォームアップ①…Jake	1　ウォームアップ①…Jake
2　ウォームアップ②（英会話）…2人で	2　ウォームアップ②（英会話）…2人で
3　目標の提示…学級担任	③　目標の提示…学級担任
4　活動1…2人で	4　活動1…2人で
5　活動2…2人で	5　活動2…2人で
6　まとめ…学級担任	⑥　まとめ…学級担任
7　振り返り…学級担任	7　振り返り…学級担任
8　次時の予告…学級担任	8　次時の予告…学級担任

・学級担任は、活動の説明、例示や指示をJakeと一緒に（又は一人で）
・学級担任は、活動中、児童の様子を見て、回数、時間の設定を（学級担任にしかできないこと）

振り返りシートを活用して

中学校もこの手順に準じて（小中接続）

図2　研修資料：授業の流れと、TTにおける指導者の役割

これは児童生徒の即興的な発話能力の伸長を目指したものであり、小学校3年生から中学校の授業に設定している。授業では、既習の言語材料を活用しながら、学年に応じて2人での会話、3人での会話、即興スピーチなどに取り組んでいる。

連携の基礎としての小学校英語の授業の充実を目指して

　小中が連携して確かな学びを育むため、義務の出口の中学校での学びを確かなものとするため、その基盤となる小学校の授業づくりが大切である。本町では、小学校1年生からの英語活動の導入に際して、初めて英語活動に取り組む先生方も不安なく授業に取り組むために必要なものは何かを検討した。①図2に示した共通に取り組む「授業の流れ」「授業での担任の役割」等の共通理解を図ること、②年間指導計画や略案が整備され、取り組むことが明確であることである。この2点が重要であることが先生方へのアンケートから明らかになった。

第11章 事例:教育内容

(1) 年間指導計画

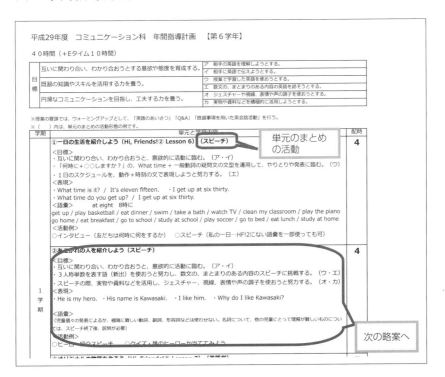

年間指導計画では、単元の目標だけでなく、取り扱う表現、語彙、活動例を示す。単元を学ばせる際、何を学ばせるかの資料となる。さらに、どこで何を学ぶか、学んだかを俯瞰する際の資料となる。

(2) 略案

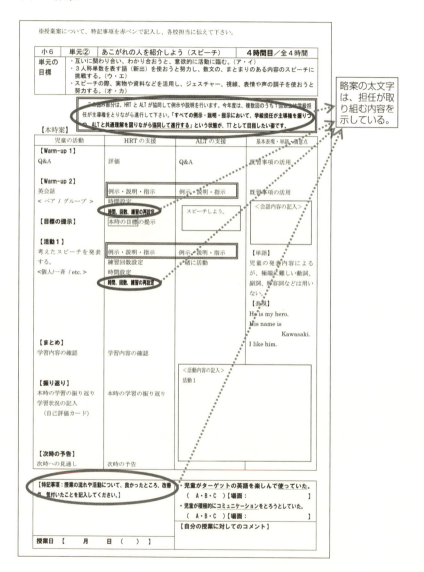

担任が授業に関わる手立てとして略案の整備を進めたが、授業を行うに当たり、児童の興味関心等の最大の理解者である担任の役割を重視している。年間計画に示した表現、語彙を活用して、略案に〈会話内容の記入〉、〈活動内容の記入〉とあるように、担任が学級の児童を思い浮かべて指導案を完成できるようにしてある。児童の表情等から授業への興味、関心、理解の状況をとらえ、児童の学びに即したオリジナルの授業がそれぞれの学級で作られている。

⑤ 厚真町の夢のある英語教育の実現に向けて

カリキュラム全体の関連をおさえることで、英語活動や英語科とコミュニケーション科のつながりが明らかになり、それぞれの学びの成果をコミュニケーション科の活動に生かすことが可能となり、コミュニケーション科の取組みが充実してきた。また、英語活動や英語科の学習の成果をコミュニケーション科の取組みの中で確認したり、学び直しをしたりするなど相互に関連をもって取り組むこともできるようになった。

さらに、多様な活動として領事の学校訪問、イングリッシュデイキャンプの実施、テレビ電話（スカイプ）による学校間交流等、新たなカリキュラムの整備・充実を進めている。

平成23年度から継続的に実施している英語教育アンケートの結果からは、厚真PRプロジェクトのような、学んだ英語の活用が英語への興味関心を高めることなどが見えてきた。

厚真町では今後「夢のある英語教育」の検証として、生徒の海外派遣を通して「英語を活用できる児童生徒の育成」の検証を進めたいと考えている。

新教育課程とこれからの研究・研修

編者・執筆者一覧

【編　者】
吉冨芳正（明星大学教授）

【巻頭提言】
銭谷眞美（東京国立博物館長）

【執筆者】
村川　雅弘（甲南女子大学教授）／第1章
吉冨　芳正（上掲）／第2章
奈須　正裕（上智大学教授）／第3章
藤川　大祐（千葉大学教授）／第4章
田中　孝一（川村学園女子大学教授）／第5章
林　　泰成（上越教育大学教授）／第6章
菅　　正隆（大阪樟蔭女子大学教授）／第7章
西岡加名恵（京都大学大学院教授）／第8章
野口　　徹（山形大学准教授）／第9章
新谷　喜之（埼玉県秩父市教育委員会教育長）／第10章Ⅰ
古川　聖登（独立行政法人教職員支援機構事業部長
　　　　　（併）次世代型教育推進センター副センター長）／第10章Ⅱ

●第11章 事例●
太田恭司（前熊本県玉名市立玉名中学校校長・
　　　　　熊本大学教職大学院シニア教授）
磯野正人（新潟県上越市立大手町小学校教諭）
大谷俊彦（高知県本山町立嶺北中学校校長）

山下剛史（千葉県館山市立北条小学校研究主任）
関谷道代（横浜市立白幡小学校校長）
立山俊治（福岡県飯塚市立片島小学校校長）
石橋信弘（岐阜県岐阜市立陽南中学校教諭）
栄利滋人（前仙台市立大野田小学校教諭・
　　　　　仙台市立国見小学校教諭）
鈴木明雄（東京都北区立飛鳥中学校校長）
刑部守敬（北海道厚真町教育委員会教育アドバイザー）

　　　　　　　　　　　　　　　（掲載順／職名は執筆時現在）

●編者

吉冨芳正（よしとみ・よしまさ）専門は教育課程論、教育課程行政。文部科学省教育課程課学校教育官、千葉県富里市教育長、国立教育政策研究所総括研究官を経て現職。学習指導要領や指導要録の改訂、学校週5日制の導入等に携わる。文部科学省「育成すべき資質・能力を踏まえた教育目標・内容と評価の在り方に関する検討会」委員。学力形成に果たす教育課程の役割、カリキュラム・マネジメント、生活科の形成過程等を研究。主著書に『カリキュラムマネジメント・ハンドブック』（ぎょうせい、平成28年）、『新教科誕生の軌跡：生活科の形成過程に関する研究』（東洋館出版社、平成26年）、『現代中等教育課程入門』（明星大学出版部、平成26年）など。

次代を創る「資質・能力」を育む学校づくり　3

新教育課程とこれからの研究・研修

2017年8月10日　第1刷発行

編　集　吉冨　芳正
発　行　株式会社ぎょうせい
　　　　〒136-8575　東京都江東区新木場1-18-11
　　　　　　　　　電話番号／編集 03-6892-6508
　　　　　　　　　　　　　　営業 03-6892-6666
　　　　　　　　　フリーコール／0120-953-431
　　　　　　　　　URL　https://gyosei.jp

〈検印省略〉

印刷　ぎょうせいデジタル株式会社
乱丁・落丁本は、送料小社負担にてお取り替えいたします。
©2017　Printed in Japan　禁無断転載・複製
ISBN978-4-324-10335-7（3100536-01-003）［略：資質能力学校3］

中教審答申解説 2017

「社会に開かれた教育課程」で育む資質・能力

白梅学園大学教授
中央教育審議会教育課程部会長
無藤 隆 + 『新教育課程ライブラリ』編集部 [編]

A5判・定価（本体2,700円＋税）

電子版 本体2,700円＋税
※電子版はぎょうせいオンラインからご注文ください。

新学習指導要領の理解が深まる！

- ●中教審のキーマンが新学習指導要領の基本的な方向性を端的に解説。
- ●学校づくり・授業づくりを進めるテキストとして、学校の教育計画づくりや校内研修にも最適！

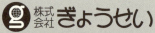

株式会社 **ぎょうせい**
〒136-8575　東京都江東区新木場1-18-11

フリーコール **TEL：0120-953-431** [平日9～17時] **FAX：0120-953-495**
https://shop.gyosei.jp　ぎょうせいオンライン [検索]

オススメ！教育関係図書のご案内

即効性のある学力向上策を大公開

アクティブな学びを創る授業改革
子供が生きる主体的・協働的な学習

西留　安雄【著】　　　　　B5判・定価(本体2,200円＋税)

- 学校現場で「主体的・対話的で深い学び」を実現するための具体的な授業づくりや研修のノウハウを網羅。
- 子供が自ら学ぶための学習ガイドも収載。

学校管理職・次世代リーダー必読！

Q&A スクール・コンプライアンス111選

菱村　幸彦【著】　　　　　A5判・定価(本体2,200円＋税)

- トラブルの未然防止、危機対応に不可欠な法知識を凝縮！
- 日常の学校業務で起こり得るケースを"教職生活""教育指導""生徒指導""学校運営"にテーマ分けし、Q&Aで具体的にわかりやすく解説！

小中一貫教育の制度化について、
Q&A形式でわかりやすく解説！

Q&A 小中一貫教育
～改正学校教育法に基づく取組のポイント～

文部科学省小中一貫教育制度研究会【編著】　　A5判・定価(本体2,700円＋税)

- 制度化された小中一貫教育（義務教育学校）について、制度の概要から取組に必要な手続、運用方法、留意点などをQ&A形式で具体的にわかりやすく解説！

株式会社ぎょうせい
フリーコール　TEL：0120-953-431 [平日9～17時]　FAX：0120-953-495
〒136-8575　東京都江東区新木場1-18-11
https://shop.gyosei.jp
ぎょうせいオンライン　検索

新学習指導要領における学校経営の課題とは。
具体的方策を解説！

次代を創る「資質・能力」を育む学校づくり【全3巻】

吉冨 芳正【編集】

A5判・セット定価（本体7,200円＋税）　各巻定価（本体2,400円＋税）

明日からの「学校づくり」に、その課題と方策がわかる！

- ◉「社会に開かれた教育課程」「カリキュラム・マネジメント」「主体的・対話的で深い学び」──。学校経営全体を視野に置いて、各課題の**ポイント**や**方策**を解説します。
- ◉新教育課程で求められるものは何か。管理職・次世代リーダーに向けた**「学校づくり」**を考えるシリーズ。

巻構成
- 第1巻　「社会に開かれた教育課程」と新しい学校づくり
- 第2巻　「深く学ぶ」子供を育てる学級づくり・授業づくり
- 第3巻　新教育課程とこれからの研究・研修

株式会社ぎょうせい
フリーコール　TEL：0120-953-431 [平日9〜17時]　FAX：0120-953-495
〒136-8575 東京都江東区新木場1-18-11
https://shop.gyosei.jp　ぎょうせいオンライン [検索]